Jürgen Petersen

Brainrunning
– Neue Wege

Bibliografische Information der Deutschen Nationalbibliothek:
Die Deutsche Nationalbibliothek verzeichnet diese Publikation
in der Deutschen Nationalbibliografie; detaillierte bibliografische
Daten sind im Internet über http://dnb.d-nb.de abrufbar.

© 2008 Jürgen Petersen
Satz, Herstellung und Verlag:
Books on Demand GmbH, Norderstedt
Umschlagdesign:
Graphic Works, Angela Höfer, Niebüll
ISBN: 978-3-8370-4871-1

Inhaltsverzeichnis

Brainrunning	9
Über dieses Buch	11
Wie kam ich zum Gedächtnistraining?	12
Die Wahrnehmung	14
Die Wahrnehmung kleiner Kinder	18
Das Gedächtnistraining	19
Das römische Raum-Zahlen-System	20
Wie wird das System angewandt?	24
Warum man sich keinen Einkaufszettel schreiben sollte	27
Anwendungsbeispiele für das Raum-System	31
Funktioniert das Raum-System bei allen Menschen?	33
Das Langzeitgedächtnis	35
Durch Mind-Mapping ins Langzeitgedächtnis	38
Das Namensgedächtnis	40
Wie merkt man sich 100 Namen?	45
Das Zahlengedächtnis	48
Das Zahlen-Bilder-System oder die Baumliste	50
Das Major-Zahlensystem	52
Professionelle Anwendung des Zahlengedächtnisses	56
Das Merken der PIN-Nummer und anderer Geheimzahlen	58
Vokabeln lernen	59
Der Gedächtnissport	62
Zahlensinfonie, Zahlensprint und Zahlenmarathon	64
Historische Daten	66
Wörterlauf	68

Binärzahlen	69
Namen und Gesichter	70
Abstract Images	70
Spielkartensprint und Spielkartenmarathon	71
Gedächtnisgroßmeister	72
Wer kann bei Gedächtnismeisterschaften mitmachen?	72
Der Nutzen des Gedächtnissports für Schüler	73
Wie kam ich zum Laufen?	76
Warum Laufen?	78
Keine Erkältung	83
Geringeres Schlafbedürfnis	85
Bessere Blutwerte	86
Mehr Zeit	87
Mehr Geld	88
Der innere Schweinehund	89
Veränderungen im Leben eines Menschen	90
Gründe für menschliches Handeln	91
Wo gibt es den inneren Schweinehund?	94
Die Entscheidung	96
Ziele	96
Die Suche nach der Speerspitze	98
So machen Sie Ihr Ziel deutlich	99
Der Preis	104
Die Entscheidung mitteilen	105
Der Plan	106
Drei Tricks zur Überwindung des inneren Schweinehundes	107
Die Belohnung	112
Das Brainrunning-Laufprogramm	113
Was geschieht im Körper?	124
Der optimale Pulsbereich	125

Die Pulsuhr 133
Das Runner's High 136
Andere Sportarten 137
Das erste Laufevent 138
Brainrunning – Lebensführung und zeitsparende Lerntechnik . 140
Tipps und häufige Fragen 146
Anhang: 149
    Bundesstaaten der USA mit Hauptstädten 149
    Staaten der Erde 151
    Präsidenten der USA 157
    Trainingstagebuch 159

Brainrunning

Machen Sie bitte mit der rechten Hand eine Faust.
Jetzt machen Sie bitte auch mit der linken Hand eine Faust.
Und dann schauen Sie von oben auf die zwei Fäuste.
Das, was Sie jetzt sehen, entspricht in etwa der Größe Ihres Gehirnes.
Und was man damit alles machen kann, das möchte ich Ihnen mit diesem Buch zeigen!

Ich weiß, das war etwas schwierig mit dem Buch in der Hand. Und ja, größer ist unser Gehirn tatsächlich nicht. Aber was für unvorstellbare Leistungen dieser kleine Klumpen vollbringt, ist schon enorm.
Jeder Mensch hat zwei Gehirnhälften. Damit erzähle ich Ihnen wahrscheinlich nichts Neues. Als Erwachsener benutzt man überwiegend die linke Gehirnhälfte. Wenn ein Mitarbeiter einer Bank zum Beispiel im Büro sitzt und man den Strom, der in seinem Kopf fließt, misst, dann stellt man fest, dass die Aktivität seines Gehirnes sich auf der linken Hemisphäre ballt. Hierbei ist es relativ egal, ob es sich um einen Mann oder eine Frau handelt. Oft wird gesagt, dass Männer und Frauen mit unterschiedlichen Gehirnhälften arbeiten, doch der Unterschied zwischen den Geschlechtern ist längst nicht so groß wie der zwischen Erwachsenen und Kindern. Haben Sie als Erwachsener in letzter Zeit gegen Kinder im Alter von sechs bis acht Jahren Memory gespielt? Mit welchem Erfolg? Ach, Sie tun es gar nicht mehr, weil Sie immer verlieren? Dann sind Sie in guter Gesellschaft. Ein »normaler« Erwachsener hat gegen ein »normales« Kind im Memory keine Chance. Kinder denken noch mit der rechten Gehirnhälfte. Im Gegensatz zur linken Gehirnhälfte ist diese zwar nicht so logisch und auch nicht so ordentlich, aber eines kann sie ausgezeichnet: sich etwas merken. Doch das Gute ist: Diese rechte Gehirnhälfte können wir jederzeit reaktivieren. Denn jeder hat sie noch. Das ist zum Glück ein erheblicher Unterschied zu den Muskeln. Wenn Sie einen Muskel ganz wenig benutzen, bildet er sich zurück. Das geht sogar ziemlich schnell. Nach einem Beinbruch sind nach drei Wochen Gipsbein nur noch 60 % der Muskulatur vorhanden, wenn Sie nicht durch Gymnastik gegensteuern. Wäre das Gehirn tatsächlich ein Muskel im medizinischen Sinne,

würde sich bei den meisten Menschen die rechte Hälfte zurückbilden. Wir würden mit »schiefen« Köpfen herumlaufen.

Einen Muskel leistungsfähiger zu machen, dauert relativ lange. Für einen Zentimeter zusätzlichen Bizeps (Oberarmumfang) muss man lange trainieren. Ihre rechte Gehirnhälfte können Sie dagegen ganz schnell dazu bringen, Ihnen einen Großteil der täglichen Arbeit abzunehmen. Diese Dinge sind zum Beispiel: das Merken von Namen, Zahlen, Vokabeln, Daten und Fakten, PIN-Nummern, Witzen, chemischen und mathematischen Formeln, Einkaufslisten und den täglichen To-do-Listen. Viele Menschen belasten mit diesen Kleinigkeiten ihre linke Gehirnhälfte. Die linke Hemisphäre können Sie mit dem Arbeitsspeicher eines Computers vergleichen. Er arbeitet ständig im Hintergrund. Dieser Arbeitsspeicher kann zwar auch sehr viele Dinge speichern, aber im Gegensatz zur Speicherkapazität der Festplatte ist seine Speicherkapazität nur winzig. Kein Mensch käme auf die Idee, die 400 Bilder des letzten Urlaubes im Arbeitsspeicher abzulegen. Der Arbeitsspeicher muss schnell rechnen, planen und denken, das Merken überlässt der Computer der Festplatte. Für das Gehirn bedeutet das: Die linke Gehirnhälfte (der Arbeitsspeicher) sollte nicht mit Merken belastet werden. Namen, Zahlen, Daten und Fakten sollte man auf der Festplatte, der rechten Gehirnhälfte, ablegen. Die linke Hälfte kann sich dann ganz auf das schnelle Planen, Entscheiden und Organisieren des Alltags konzentrieren, ohne Angst haben zu müssen, einen Kundennamen oder einen Teil der Einkaufsliste zu vergessen.

Durch konsequentes Benutzen der rechten Gehirnhälfte wird die linke entlastet. Nichtsdestotrotz bleibt die linke Gehirnhälfte die aktivere, und das ist auch gut so.

Wie bringt man aber nun die rechte Gehirnhälfte dazu, gewisse Informationen zu speichern? Das ist zum Glück sehr einfach und es funktioniert sofort, auch ohne Training. Gleichwohl ist es anfangs etwas ungewohnt. Das Geheimnis ist die gute, alte Eselsbrücke. Sind Sie jetzt etwas enttäuscht? Eselsbrücken haben schon immer funktioniert und werden es auch immer: 333 (drei, drei, drei), Issos Keilerei. Wer braucht schon diese Geschichtszahl? Und doch kennt sie fast jeder. Bisher haben Sie aber wahrscheinlich nur Eselsbrücken genutzt, wenn diese sich aufgedrängt haben. Der Trick ist, sich immer Eselsbrücken zu bauen. Und das geht auch bei chemischen Formeln, Handynummern, Vokabeln oder Kundennamen.

Über dieses Buch

Mit Sicherheit bin ich nicht zum Schriftsteller geboren, denn in der Schule war Deutsch bis zum Abitur mein schlechtestes Fach. Das hatte vermutlich auch damit zu tun, dass meine Muttersprache Plattdeutsch ist. Auch heute ist mein Deutsch sicherlich nicht perfekt, also entschuldigen Sie bitte grammatikalische oder stilistische Fehler. Dafür übernehme ich nicht die Garantie. Ich übernehme aber die Garantie dafür, dass das, was ich zum Thema Gedächtnistraining und Laufen schreibe, mit Sicherheit funktioniert. Ich habe alles selbst ausprobiert. Natürlich gibt es Rahmenbedingungen, die dazu führen, dass einige beschriebene Methoden nicht sofort zum Erfolg führen, so zum Beispiel körperliche Gebrechen, die das Laufen schwierig machen. Aber ich halte mich für einen ganz normalen Menschen und bei mir funktioniert alles. Warum sollte es also bei Ihnen nicht funktionieren?

Vor allem in Bezug auf das Gehirn wird es Dinge geben, die für Sie anfangs unvorstellbar sind. Aber nur so lange, bis Sie es selbst ausprobiert haben. Hätte man mir vor 15 Jahren gesagt, dass ich mir in einer Stunde eine Zahl mit 1000 Ziffern merken kann, hätte ich gesagt: »Du spinnst!« Heute kommt es mir nicht ungewöhnlicher vor, als einen Marathon zu laufen. Das tun jährlich allein in Deutschland Hunderttausende und trotzdem ist das für viele unvorstellbar. Auch für die Marathonläufer war es einmal unvorstellbar, 42,2 Kilometer am Stück zu laufen. Aber nur so lange, bis sie es einfach taten.

Es ist in diesem Buch durchaus möglich, einige Kapitel zu überspringen. Für dieses Buch gilt wie für fast alle Fachbücher das Pareto-Prinzip, die 20-80-Regel. Auf 20 % der Seiten stehen 80 % der Dinge, die für Sie persönlich von Bedeutung sind. Was genau von Bedeutung ist, ist natürlich für jeden Menschen unterschiedlich. Für den einen ist es das

Kapitel »Vokabeln lernen«, für den anderen ist es »Der innere Schweinehund«. Wenn Sie nicht viel Zeit haben, springen Sie gleich zu den für Sie persönlich wichtigsten Kapiteln. Auch die vielen Beispiele können Sie überspringen, falls ich es damit etwas übertrieben haben sollte. Ganz wie Sie wollen.

Ich möchte auch noch einmal betonen, dass ich keine einzige Technik in diesem Buch erfunden habe. Die Gedächtnistechniken sind vor Tausenden von Jahren erfunden worden, Laufen gibt es auch nicht erst seit Ulrich Strunz (der Laufpapst in Deutschland), und es haben sich auch schon Menschen effektiv Ziele gesetzt, bevor Lothar J. Seiwert (Koryphäe im Bereich Zeitmanagement) geboren war. Wenn mich aber jemand durch ein Prinzip oder einen Trick zu einer positiven Änderung im Denken oder Handeln veranlasst hat, gebe ich diesen Anstoß gerne möglichst unverfälscht weiter. Nur der Begriff »Brainrunning« ist beim Deutschen Patent- und Markenamt geschützt. Der Begriff »gehört« mir.

Jetzt kann es losgehen. Zunächst zu meinem Werdegang vom Bauern in Nordfriesland zum Gedächtnistrainer.

Wie kam ich zum Gedächtnistraining?

Durch Zufall. Ich besuchte 1993 eine Seminarreihe für landwirtschaftliche Unternehmer. In dieser Seminarreihe war alles enthalten, was man als Unternehmer braucht, in der Schule aber nicht lernt. Dieses Seminar ging über 40 Seminartage und war auf drei Jahre verteilt. Davon war ein Tag für Gedächtnistraining vorgesehen. Ich wäre ansonsten niemals auf die Idee gekommen, Zeit und Geld zu investieren, um etwas für mein Gehirn zu tun. Aber ich hatte für 4000,- DM 40 Tage gebucht und dieser Tag war dabei. Zeitmanagement, Büroorganisation, Controlling und Verkaufstraining waren die Dinge, die wir erwarteten, und sie nahmen auch den größten Teil der Zeit ein. Von Gedächtnistraining hatte man 1993 eigentlich noch nichts gehört. Eventuell hatte man bei »Wetten dass« einen Gedächtniskünstler gesehen, der sich 1000 Zahlen oder die Bestellungen an 50 Tischen merken konnte. Das ging für mich damals in Richtung Zauberei und war meiner Meinung nach nicht mit normalen Maßstäben zu messen. In diesem Seminar ist dennoch etwas ganz Entscheidendes passiert. Wir sollten uns zehn Erledigungen einer Tagesplanung, eine To-do-Liste, merken. Diese wurden uns vom Trainer im Abstand von vier Sekunden gesagt. Damit wurde eine Situation simuliert, die ich als Bauer kannte: Ich stehe im Melkstand und habe nasse Hände und nichts zum Schreiben griffbereit. Bei dieser Routinearbeit fällt mir ein: Nachher musst du noch das Telefonat führen, dies erledigen und an jenes denken. Im Seminar mussten wir nun diese zehn Erledigungen fünf Minuten später aufschreiben. Was kam wohl dabei heraus? Klar, ich hatte mir nur sechs von zehn gemerkt. Enttäuschend, weil wir ja von nichts und niemandem gestört wurden. Selbst unter »Laborbedingungen« hatte ich nur sechs von zehn. Das passte, damals kam es durchaus oft vor, dass ich in der Werkstatt stand und dachte: Na, was wolltest du doch gleich hier? Dabei war ich erst 27 Jahre alt. Wie sollte das erst mit 72 werden?

Dann erklärte uns der Trainer, wie man es besser macht. Das dauerte nur fünf Minuten. Dann bekamen wir zehn neue Dinge zum Merken und ich merkte mir sofort alle zehn. Und das völlig, ohne zu üben.

Zehn von zehn war zwar nicht schlecht, aber ein Satz des Trainers – sein Name ist Stefan Dietz und er bringt noch heute sehr erfolgreich Menschen dazu, sich weiterzuentwickeln (www.entra.de) – hat letztendlich mein Leben verändert. Er sagte: »Wenn du das mit zehn Begriffen schaffst, kannst du es auch mit 100 oder 1000.« Das habe ich schlichtweg nicht geglaubt, deshalb habe ich es ausprobiert. Um nicht irgendwelche sinnlosen Begriffe zu lernen, sondern um dem Ganzen ein wenig Sinn zu geben, suchte ich die 192 Staaten der Erde mit den Hauptstädten im Internet und druckte sie aus. Die habe ich dann auswendig gelernt. Und das alles nebenbei beim Melken. Niemals saß ich am Tisch und habe das Blatt mit den vielen Informationen wieder und wieder durchgelesen. In meiner Schulzeit habe ich tatsächlich noch gedacht, dass man so lernt. Lernen durch Wiederholen ist anstrengend und im Vergleich zum rechtshirnigen Lernen extrem erfolglos. Es sei denn, Sie sind sieben Jahre alt. Dann können Sie natürlich einfach so lernen. Ein Gedicht müssen Sie nur zweimal durchlesen, dann können Sie es. Wenn Sie siebzehn sind, funktioniert es schon nicht mehr.

Die Wahrnehmung

Wir Menschen müssen täglich Millionen von Informationen verarbeiten. Den weitaus größten Teil verarbeitet das Unterbewusstsein. Es entscheidet, welche Informationen in das Bewusstsein dringen und vom Großhirn in irgendeiner Form aufbereitet werden. Ist eine Information ein Grenzfall, das heißt, das Unterbewusstsein kann sich nicht entscheiden, ob die wahrgenommene Information in das Bewusstsein gelangt oder nicht, gibt es ein Déjà-vu. Ein Déjà-vu ist immer eine Situation, die halb interessant ist. Zum Beispiel kreuzt eine Katze vor einem die Straße. Ich denke: Genau das hast du schon einmal erlebt. Jetzt wird gleich »das« passieren! Was »das« ist, kann ich gar nicht mehr beschreiben, weil es schon geschehen ist, bevor ich es durchdacht habe. Die Situation mit der Katze habe ich dann zweimal in meinem Kopf gespeichert, die Datei liegt doppelt vor – in Computersprache gesprochen. Das Bewusstsein hat eine Datei erstellt und das Unterbewusstsein gleichzeitig auch. Das Bewusstsein bildet sich aber ein, dass nur es selbst Dateien erstellen kann, und sagt sich deshalb: »Die Datei muss ich früher schon einmal erstellt haben. Das ist aber so lange her, dass ich mich nicht daran erinnern kann, sie erstellt zu haben.« Diese Erklärung des Phänomens Déjà-vu (meine persönliche, es gibt bestimmt noch andere!) soll nur verdeutlichen, wie komplex und schnell unser Gehirn arbeitet. Die Mediziner wissen noch nicht genau, was alles im Gehirn vor sich geht. Die Gehirnforschung ist noch relativ jung. Ständig kommen neue Erkenntnisse dazu. Für das Gedächtnistraining ist es nur wichtig, zu wissen, wie das Gehirn funktioniert. Warum das so ist, werden wir vielleicht in der Zukunft einmal erfahren.

In unserem Gehirn werden Informationen ständig sortiert. Je größer die Flut von Informationen wird, desto mehr müssen wir selektieren. Im Mittelalter war ein Reisender, der in ein Dorf kam, eine Sensation. Alle Dorfbewohner eilten herbei, um Neues zu erfahren. Die Menschen haben alle Informationen wie einen Schwamm aufgesogen. Das Gehirn war unterfordert. Es gab keine Zeitung, Bücher, kein Fernsehen, nur 16 Stunden Arbeit täglich. Dies hat sich Anfang des 20. Jahrhunderts rapide verändert. Bald konnte durch die allgemeine Schulpflicht jeder lesen. Irgendwann wurden

Bücher und Zeitschriften für viele Menschen erschwinglich, Rundfunk und Fernsehen ergänzten nach und nach die Printmedien. Bereits Anfang des 20. Jahrhunderts wurde die Grenze dessen überschritten, was unser Gehirn an Informationen bewusst verarbeiten kann. Die Informationsflut begann. Unser Gehirn musste ab jetzt filtern. Heute stehen uns unendlich viele Informationen zur Verfügung. Diese Informationen sind in vielen Kulturen für die meisten normalen Menschen verfügbar. Durch das Internet hat sich das Angebot an Informationen noch verzigfacht. Jede nur denkbare Frage kann ich mir heute mit vertretbarem finanziellem Aufwand beantworten. Nur mein Gehirn hat bei seiner Entstehung vor einigen Hunderttausend Jahren leider noch nichts vom Internet gewusst. Trotzdem zieht sich das Gehirn nicht ganz aus der Verantwortung zurück. Es filtert. Diese Wahrnehmungsfilter sind der Schlüssel zum Gedächtnistraining. Einige Informationen bleiben automatisch im Filter hängen. Wichtige Informationen, die unser Gehirn nicht freiwillig filtert, müssen wir so umbauen oder auch markieren, dass sie im Filter hängen bleiben. Das ist Gedächtnistraining.

Welche Filter sind das aber nun? Dafür machen Sie bitte folgende Übung: Stellen Sie sich vor, Sie nehmen einen Stuhl und setzen sich eine Stunde an eine viel befahrene Straße in Ihrer Umgebung und beobachten die Autos. Ohne zu zählen, einfach nur anschauen. Es fahren 300 Autos an Ihnen vorbei. Alle haben Sie bewusst angesehen. Darunter war vielleicht ein BMW, Daimler, Golf, Golf Cabrio, Passat, Mazda, Porsche 911, Skania-LKW, Pritschenwagen, Ihr bester Freund in seinem Audi A4, noch ein BMW, Daimler, Volvo, SMART-Cabrio, Opel Vectra, Audi TT, Motorrad, ein Elefant auf Rollschuhen, ein VW-Bus, Fiat, Seat, Golf GTI, Suzuki, Ford usw. Jetzt gehen Sie wieder nach Hause. Nach einer Stunde nehmen Sie einen Zettel und schreiben die Fahrzeuge auf, an die Sie sich erinnern. Einige werden Sie auf der Liste haben. Und dass Ihr bester Freund in seinem schwarzen Audi A4 dabei war, werden Sie garantiert noch wissen. Auch an den Elefanten auf Rollschuhen werden Sie sich erinnern. Von dem werden Sie noch Ihren Enkeln erzählen!

Folgendes ist passiert: Sie haben sich das Bekannte gemerkt. Nämlich Ihren Freund, denn ihn und sein Auto kennen Sie, deshalb merken Sie es sich. Sie kennen auch einen Golf, aber zu dem Audi A4, oder vielmehr zu dem Fahrer, haben Sie eine persönliche Beziehung. Deshalb entscheidet Ihr Gehirn: Das merke ich mir. Von 100 Personen, die diesen Test machen, würden garantiert alle die bekannte Person bzw. deren Auto nennen können. Der Wahrnehmungsfilter »Bekanntes« wirkt nicht nur »ganz gut«, sondern mit hundertprozentiger Sicherheit.

Ein zweites Fahrzeug hätten ebenfalls alle Testpersonen nennen können: den Elefanten auf Rollschuhen. Nicht weil er bekannt ist, sondern weil er merkwürdig ist. Er ist eigenartig, komisch, skurril, eben merkwürdig. Unser Gehirn entscheidet: Das ist würdig, es mir zu merken. So ist das Wort »merkwürdig« entstanden. Damit erklärt sich eigentlich alles von selbst.

Was lernen wir also daraus? Das Gehirn merkt sich:

1. das Bekannte
2. das Merk-würdige

Aus diesen Wahrnehmungsfiltern werden wir das Gedächtnistraining basteln.

Es gibt noch zwei weitere Wahrnehmungsfilter, die hier der Vollständigkeit halber genannt werden sollen:

- das Lebenswichtige
- das bewusste Interesse

Das Lebenswichtige spielt heute keine große Rolle mehr. Sie können noch so konzentriert dieses Buch lesen, wenn Brandgeruch in den Raum dringt, wird Ihr Gehirn es sofort wahrnehmen. Das ist ein Beispiel für den Filter »Lebenswichtiges«.

Das bewusste Interesse ist ein wirklich wichtiger und sinnvoller Wahrnehmungsfilter. Wenn Sie eine Sache bewusst interessiert, ist es ganz leicht, Informationen dazu wahrzunehmen. Auch hierzu ein Beispiel: Vor vielen Jahren, als ich mit meiner Seminartätigkeit begann, hatte ich einen alten Ford Escort Diesel. Kein sehr schönes Auto, ich wollte bald ein anderes, aber der Escort war sehr billig zu fahren. Er verbrauchte 4,9 Liter auf 100

Kilometer und war Baujahr 1986. Das Auto hatte noch circa sechs Monate TÜV und bis dahin wollte ich ihn noch fahren und mir dann ein neues kaufen. Ich fuhr also mit meinem Escort auf der Autobahn zu einem Seminar. Plötzlich leuchtete die rote Ölkontrolllampe auf. Ich rollte noch auf die Standspur, und schon kam Qualm aus dem Motorraum. Haube auf und ich sah schon, wie die Kolben aus dem Zylinder quollen. Fazit: Schrott! Eine Reparatur lohnte sich garantiert nicht, zumal ich ohnehin ein neues Auto wollte. Aber eben erst in einem halben Jahr. Nun brauchte ich ganz schnell eines. Da ich einen Pferdeanhänger hatte, konnte ich mir vorstellen, dass mein nächstes Auto ein Geländewagen wurde. Mit dem Escort und dem Anhänger war das immer eine recht wackelige Angelegenheit. Ich hatte schon mal an einen Geländewagen gedacht. Ich brauchte jetzt also so schnell es ging Informationen über Geländewagen. Da ich im ADAC war, reichte ein Anruf aus, und der ADAC holte mich an der Autobahn ab und fuhr mich in das Hotel. Ganz entspannt saß ich neben dem ADAC-Fahrer und schaute auf die Autobahn. Was meinen Sie, wie viele Geländewagen ich plötzlich auf der Straße sah? Mindestens jedes zweite Auto war ein Geländewagen. Natürlich war nicht einer mehr da als vor einer Stunde, aber jetzt sah ich sie alle. Keiner entging mir. Dafür musste ich mich nicht anstrengen. Ich sah sie ganz automatisch, weil ich mich jetzt bewusst dafür interessierte. Am Wochenende war ich wieder zu Hause, schlug die Zeitung auf und entdeckte die halbseitige Anzeige vom Allradzentrum in Flensburg. Die war jeden Samstag drin, hatte ich aber nie gesehen. Jetzt sprang sie mir förmlich ins Auge.

Sie sehen: Das bewusste Interesse ist ebenfalls ein Wahrnehmungsfilter und er wirkt genauso sicher wie die beiden Filter »Bekanntes« und »Merkwürdiges«.

Ein anderes bekanntes Beispiel für das bewusste Interesse ist eine Schwangerschaft. Ab dem Augenblick, wenn Frau und Mann wissen, dass sie Nachwuchs bekommen, laufen überall Schwangere herum. Und der Mann nimmt plötzlich ganz automatisch wahr, wie viel eine Packung Pampers kostet. Das geschieht völlig ohne Anstrengung.

Die Wahrnehmung kleiner Kinder

Es ist sehr interessant, die Wahrnehmung von Kleinkindern zu beobachten. Ich habe selbst keine Kinder, aber aus Beobachtungen und Erzählungen weiß ich: Ein Kleinkind liegt im Kinderwagen unter einem Baum und schaut 30 Minuten fasziniert in den Baum. Als Erwachsener fragt man sich: Was gibt es denn da zu sehen? Wir werten sofort unbewusst: Da ist ein Baum und Blätter und gut. Alles Wichtige gesehen. Das Kind wertet noch nicht: Da ist ein Blatt und es sieht anders aus als das Blatt daneben. Das nächste Blatt bewegt sich leicht. Ein Zweig ist gerade und der nächste ist ganz krumm gewachsen. Im Stamm und in den Ästen sind Strukturen zu erkennen. Diese sind niemals gleich. Es gibt in einem Baum für Kleinkinder unendlich viel zu sehen. Für Erwachsene ist es sehr schnell langweilig.

Schauen Sie mal aus dem Fenster und sehen Sie einmal, was Sie alles sehen. Die unterschiedlichen Blätter der Bäume, Plakate an Bushaltestellen, Aufkleber auf Autos, Papier in den Blumenrabatten und die unterschiedlichen Blumen in den Rabatten. Nehmen Sie fünf Minuten nur wahr. Sie sind nach fünf Minuten bestimmt noch nicht fertig, wenn Sie sich alles bis ins kleinste Detail anschauen wollen. Das menschliche Gehirn nimmt pro Sekunde eine Informationsmenge auf, die man auf 30000 Buchseiten unterbringen kann. Pro Sekunde! Aus diesem Grund muss das Gehirn filtern und tut es zum Glück auch. Ein Kleinkind selektiert aber noch nicht so sehr nach »wichtig« und »unwichtig«. Deshalb nimmt es Dinge wahr, die ein Erwachsener gar nicht sieht.

Lassen Sie uns einen kleinen Test mit Ihrer Wahrnehmung machen: Umfassen Sie jetzt bitte ihr linkes Handgelenk mit der rechten Hand. Dieser Test funktioniert nur, wenn Sie eine Armbanduhr tragen. Beantworten Sie folgende Fragen, ohne sich die Uhr anzusehen:

1. Hat die Uhr einen Sekundenzeiger?
2. Wie sind die Zahlen dargestellt? Römische Zahlen, nur Striche, nur die 6 und die 12, oder alle Zahlen, usw.?
3. Welche Farbe hat das Zifferblatt?
4. Welche Aufschrift steht auf dem Zifferblatt?

Jetzt kontrollieren Sie. Na, alles richtig?

Jetzt halten Sie die Uhr wieder zu. Wie spät war es jetzt genau? Wissen Sie nicht?

Dieses Spielchen mit der Wahrnehmung können Sie auf jeder Party machen. Es klappt fast immer. Jeder Mensch hat schon 1000-mal auf seine Uhr geschaut, hat sie aber eigentlich nie richtig wahrgenommen. Dann schaut man hin, hat aber die Uhrzeit übersehen. Das Gehirn hat Sie reingelegt und nur das wahrgenommen, was Sie in diesem Augenblick bewusst interessierte. Das hat jetzt natürlich nichts mit Vergessen zu tun. Sie haben es eigentlich nie gewusst, ob und welche Zahlen auf dem Ziffernblatt sind. Folgende Dinge filtert also das Gehirn aus der täglichen Informationsflut heraus und kann sie sich ganz leicht merken:

- das Lebenswichtige
- das Bekannte
- das Merkwürdige
- Dinge, für die man bewusstes Interesse hat

Das Gedächtnistraining

Wie Wahrnehmung funktioniert, wissen Sie jetzt. Wir kommen nun zum Merken. Es gibt also vier Wahrnehmungsfilter, von diesen vier Filtern werden die Filter »Bekanntes« und »Merkwürdiges« für das Gedächtnistraining genutzt. Jeder kennt die guten alten Eselsbrücken, die sich jeder Mensch über Jahre und Jahrzehnte einprägen kann. Manchmal merkt man sich eine total unwichtige Sache, nur weil man zufällig eine geniale Eselsbrücke hat. In einem Satz gesagt, ist Gedächtnistraining das Bauen von Eselsbrücken, auch wenn sich auf den ersten Blick keine anbietet.

Es gibt viele unterschiedliche Variationen von Gedächtnistraining, aber alle verknüpfen das Bekannte mit dem Merkwürdigen. Als Erstes stelle ich hier den Königsweg des Merkens vor. Mit dieser Methode arbeiten wirklich alle Menschen, die sich ungewöhnlich schnell und viel merken müssen. Wenn Sie bei »Wetten dass« oder sonst irgendwo im Fernsehen oder auch in einer Zaubershow eine ungewöhnliche Gedächtnisleistung sehen, ist es immer diese Methode. Das weiß ich so genau, weil ich die besten Gedächtniskünstler der Welt auf internationalen Meisterschaften kennengelernt habe. Diese Technik hat viele Namen: Loci-Technik, Routenmethode oder das römische Raum-Zahlen-System.

Das römische Raum-Zahlen-System

Jetzt lernen Sie die erste und meiner Ansicht nach beste Gedächtnistechnik kennen. Mit dem nun folgenden System kann man sich leicht Einkaufslisten, Termine, Daten, Fakten und auch Namen merken. Das römische Raum-Zahlen-System ist bereits einige Tausend Jahre alt, wie der Name schon sagt. Es wurde von den römischen Rhetorikern erfunden. Streng genommen gab es das System schon viele Tausend Jahre vorher, nur von den Rhetorikern ist überliefert, dass sie es benutzt haben. Cicero, Ovid und andere aus dem Lateinunterricht bekannte Größen der Schriftstellerkunst hatten in Rom nur die Aufgabe, zu schreiben. Dafür wurden sie vom römischen Staat bezahlt. Natürlich haben sie auch Reden geschrieben und diese Reden auch gehalten. Dies waren philosophische und politische Reden über Gott und die Welt. Das Besondere daran war, dass die Reden vorgetragen wurden. Nicht nur durch gutes Vorlesen mit Blickkontakt, sondern auch auswendig, ganz ohne Vorlage. Trotzdem stand der Wortlaut schon vorher fest. Schließlich waren sie Rhetoriker und es kam auf die ausgefeilte Satzstellung an. Um eine Rede Wort für Wort auswendig zu lernen, haben die römischen Redner das römische Raum-Zahlen-System benutzt.

Eine Eigenart hatten die Rhetoriker außerdem. Sie gingen in Rom spazieren, um ihre Gedanken zu sammeln. Aber nicht mal hier, mal da, sondern sie gingen immer die gleiche Spaziertour, um das Gehirn mit mehr Sauerstoff zu versorgen (ich bin nicht der Erste mit Brainrunning!) und trotzdem nicht abgelenkt zu werden. Aus diesem Grund kannten sie die Spaziertour in- und auswendig. Sie konnten aus dem Kopf jeden Brunnen, jede Säule und jede Statue nacheinander aufzählen, die ihre Spaziertour säumten. Das mussten sie nicht lernen. Es war so bekannt, wie es Ihnen, lieber Leser, bekannt ist, wo der Couchtisch in Ihrem Wohnzimmer steht. Dieses Wissen der markanten Punkte der Spaziertour haben sie folgendermaßen zum Auswendiglernen benutzt: Jeden Satz der Rede hat der Redner in Schlüsselbegriffe zerlegt. Hier ein ganz einfaches Beispiel: »Meine Damen und Herren, ich möchte Sie herzlich begrüßen!« Die Schlüsselbegriffe sind »Damen«, »Herren« und »herzlich begrüßen«. Diese Schlüsselbegriffe haben die Rhetoriker sich dann bildlich vorgestellt. »Damen« als Damen, »Herren« als Herren und »herzlich begrüßen« als großes Herz. Der letzte Schritt war dann, diese Schlüsselbegriffe am ersten Platz der Spaziertour im Kopf zu verankern. Die erste Station der Spaziertour war vielleicht ein Brunnen. In dem Brunnen stellten sie sich einfach Damen und Herren vor, die alle gemeinsam ein riesiges Herz in der Hand hielten. Wenn dann der Moment der Rede kam, stellten sich die Rhetoriker ohne Vorlage an das Rednerpult und gingen im Geiste ihre Spaziertour ab. Am ersten Platz der Tour, dem Brunnen, sahen sie nicht nur den Eingang, sondern automatisch auch die Damen und Herren, die das Herz hielten. Dann war es unmöglich, nicht zu sagen: »Meine Damen und Herren, ich möchte Sie herzlich begrüßen!«

Drei interessante Dinge wussten die Römer also über das Gehirn:

1. Das Gehirn merkt sich mit der rechten Gehirnhälfte zu 100 % das Bekannte.
2. Die rechte Gehirnhälfte kennt kein Blackout.
3. Die linke Gehirnhälfte wirkt als Autokorrektur, um den Satz aus den Stichworten »Damen, Herren, Herz« zu bilden.

Dieses System werden wir jetzt selbst für uns erarbeiten, und zwar mit einem Ort, der uns sehr gut bekannt ist, wie die Spaziertour in Rom den Römern. Statt Rom nehmen wir aushilfsweise ein Zimmer in unserer Wohnung.

Entscheiden Sie sich für einen Raum. Die besten Erfahrungen habe ich gemacht, wenn man einen Raum auswählt, in dem man sich gut auskennt und wohlfühlt. Vielleicht das Wohnzimmer. Nehmen Sie ein Blatt Papier. Jetzt malen Sie als Skizze den Grundriss des Zimmers. Zeichnen Sie die Tür ein. Schreiben Sie dann die zehn markantesten Plätze in dem Wohnzimmer auf. Dabei ist darauf zu achten, dass diese Plätze sich voneinander unterscheiden. Falls Sie das Esszimmer gewählt haben, nehmen Sie bitte nicht den ersten Stuhl, den zweiten Stuhl, den dritten Stuhl usw. Das kann leicht zu Verwechslungen führen. Nun nummerieren Sie die Plätze von eins bis zehn nach ihrer Reihenfolge im Zimmer. Es bietet sich an, an der Eingangstür zum Zimmer zu beginnen und dann immer an der Wand entlang durchzunummerieren. Entweder rechts- oder linksherum, aber bei jedem Zimmer gleich, falls Sie irgendwann mehrere Zimmer durchnummerieren sollten. Sollten zwei Plätze direkt übereinanderliegen, immer entweder oben oder unten zuerst aufführen. Ihr Blatt wird dann ähnlich aussehen wie im folgenden Beispiel:

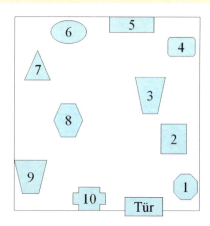

Abb. 1

Jetzt ist Ihr Platz 1 vielleicht eine Stehlampe, Platz 2 eine Yuccapalme, Platz 3 die Musikanlage usw. Diese Liste müssen Sie auswendig lernen.

Versuchen Sie es am besten sofort. Legen Sie das Buch weg und gehen Sie im Geiste das Zimmer noch einmal durch und versuchen Sie sich, an die zehn Plätze und Gegenstände zu erinnern. Merken Sie, wie leicht das ist? Völlig klar, Sie vergessen ja nicht plötzlich, wie Ihr Wohnzimmer aussieht. Diese Liste gehen Sie am besten in den nächsten Tagen noch einige Male durch, um das System zu festigen.

Damit haben Sie jetzt zehn Routenpunkte (ein häufig benutzter Begriff für die Plätze) festgelegt. Diese sind für immer gültig. Auch wenn Sie in drei Jahren in diesem Raum gar nicht mehr wohnen oder es das Haus vielleicht gar nicht mehr gibt, können Sie sich noch an das Zimmer erinnern, vorausgesetzt, Sie benutzen es ab und zu. Das können Sie sich vorstellen wie Kleiderbügel im Schrank. Auf diese Kleiderbügel können Sie die zu merkenden Informationen hängen. Der Platz oder Routenpunkt ist der Bügel, die Information ist das Hemd. Ein Beispiel und eine erste Übung folgen sofort.

Wer nur seinen Alltag besser organisieren will, für den reichen zwei Räume mit jeweils zehn Routenpunkten. Analog zum Kleiderschrank kann man mit 20 Bügeln schon etwas anfangen. Wer in einer Lernsituation ist, wie zum Beispiel Studenten, oder sein Allgemeinwissen stark verbessern möchte, dem empfehle ich 100 Plätze, also zehn unterschiedliche Räume. Diese Räume sollten auch in sich eine Logik haben. Die Räume sind dann quasi angeordnet wie die Plätze im Haus. Sollten Sie keine zehn Räume haben, ergänzen Sie eben mit Keller, Garage, Garten oder dem Auto. Bei mir ist auch das Auto durchnummeriert. Es gibt Damen, die haben allein in der Handtasche zehn Plätze. Gedächtnissportler haben bis zu 5000 Routenpunkte. Stephanie Bünter, die Kindergedächtnisweltmeisterin 2005, hatte damals 550 Routenpunkte. Zehn »Räume« zu Hause im Einfamilienhaus der Eltern, zehn Räume bei den Großeltern in Niebüll, zehn Räume bei den Großeltern in der Schweiz und dann noch die Schule, die Sporthalle usw. Alles war durchnummeriert.

Wie wird das System angewandt?

Sie haben mit diesem System »Kleiderbügel«, auf die Sie beliebige Informationen hängen können. Es eignet sich für Besorgungen, Daten und Fakten genauso wie für Namen und die Bundesstaaten der USA. Die Plätze können beliebig oft benutzt werden. Mein Raum-System habe ich mittlerweile einige hundert Mal belegt, ich bin niemals durcheinandergekommen.

Beginnen wir mit dem Einfachsten: einer Einkaufsliste. Angenommen, Sie wollen Milch kaufen. Sie müssen nun versuchen, die Milch mit Ihrem Platz 1 (Stehlampe) in Verbindung zu bringen. Das macht die rechte Gehirnhälfte, die für Fantasie und Kreativität zuständig ist. Nur diese Gehirnhälfte ist in der Lage, sich etwas bildlich vorzustellen. Übergießen Sie den Platz 1 zum Beispiel mit Milch. Jetzt versuchen Sie, sich das noch merk-würdiger vorzustellen. Dazu nehmen Sie andere Sinne zur Hilfe. Stellen Sie sich vor, wie sich der milchverschmierte Platz jetzt anfühlt. Stellen Sie sich vor, wie die Milch riecht, wenn sie sauer wird. Außerdem ist es wichtig zu übertreiben. Es müssen 20 Liter Milch sein, die über Platz 1 fließen. Das merkt sich das Gehirn viel besser als ein paar Tropfen. Es ist eben merk-würdiger. Und dann noch ein kleiner Trick, um es dem rechten Gehirn schmackhaft zu machen: Bauen Sie Bewegung mit ein. Bewegte Bilder kann sich das Gehirn besser merken. Die Milch tropft von Platz 1 und spritzt in alle Richtungen. Sollten Sie ganz mutig sein, können Sie sich auch eine Kuh merken, die auf Platz 1 Tango tanzt. Das ist wirklich merk-würdig! Keine Angst, Sie werden schon nicht im Supermarkt stehen und sich fragen: »Wo bekomme ich jetzt die Kuh her?« Wenn Sie die Kuh sehen, erinnern Sie sich garantiert an die Milch.

Als Zweites wollen Sie eine Zahnbürste kaufen. Vielleicht ist Platz 2 die Yuccapalme. Dann stellen Sie sich vor, wie eine Zahnbürste über die Blätter der Yuccapalme saust und alle Blätter putzt. Versuchen Sie sich vorzustellen, wie sich das anhören würde. Und beißen Sie jetzt in das Blatt der Yuccapalme, auf dem noch die Zahnpasta klebt. Das kann man sich vorstellen! Jeder Mensch. Einige werden behaupten: »Nein, kann ich nicht!« Das ist gelogen, denn wenn Sie diese Vorstellungskraft nicht hätten, könnten Sie auch dieses Buch nicht lesen, denn dazu muss die kreative Hälfte aus den »Tintenflecken« auf dem Blatt Papier ein Bild machen. Nur dann verstehen Sie, was die Buchstaben bedeuten. Die linke Gehirnhälfte, die realistische und logische, kann es sich nicht vorstellen. Das ist richtig. Aber jeder Mensch hat auch eine rechte Gehirnhälfte. Und die kann das. Nur zulassen müssen Sie es. Es ist völlig normal, dass diese Kreativität anfangs schwerfällt. Aber das bessert sich bald.

Das eben Beschriebene ist nichts anderes als die gute alte Eselsbrücke. Im Laden angekommen müssen Sie dann nur die Plätze »abgehen« und die Eselsbrücken abholen und abhaken. Natürlich müssen Sie daran denken, daran zu denken, durch den Raum zu gehen. Wenn Sie die Einkaufsliste mit dem Raum-System memoriert haben, sie das dann aber gar nicht benutzen, kann es sein, dass Sie etwas vergessen. Das liegt dann aber nicht an dem System.

Auf eine Gefahr möchte ich noch aufmerksam machen. Falls die Eselsbrücke zu normal ist, ist sie nicht gut. Ein Beispiel: Der 9. Platz Ihres Raum-Systems ist vielleicht ein Schreibtisch. Als 9. möchten Sie einen Kugelschreiber einkaufen. Wenn Sie sich Schreibtisch plus Kugelschreiber bildlich vorstellen wollen, erscheint womöglich in Bruchteilen einer Sekunde ein Kugelschreiber, der auf dem Schreibtisch liegt. Das Bild ist so normal, dass Ihr Gehirn nun wirklich keine Veranlassung hat, sich das zu merken. Nein, der Kugelschreiber müsste einen Meter dick sein und die Schreibtischplatte mit einem lauten Krachen durchstoßen. Das wäre merk-würdig!

Nach dem gleichen Prinzip funktioniert das Merken von Aufgaben für den Tag. Wollen Sie daran denken, einen Termin beim Zahnarzt zu machen, setzen Sie den Zahnarzt auf Platz 1 und lassen ihn sich selbst einen Zahn ziehen. Natürlich schreit er dabei.

Zu meiner Schande muss ich gestehen, dass bei meinen Bildern oft etwas kaputtgeht. Bei mir funktioniert das besonders gut. Bald werden Sie bei sich auch Vorlieben entdecken, zum Beispiel, dass witzige Bilder gut funktionieren. Dass die destruktiven Bilder bei Erwachsenen gut funktionieren, liegt an der starken linken Gehirnhälfte. Wenn im Wohnzimmer durch die destruktiven Bilder etwas kaputtgeht, ist es automatisch merkwürdig, weil es mit Emotionen, in diesem Fall mit negativen, verknüpft ist. Ein Beispiel, wie gut sich das Gehirn Emotionales merken kann, ist der 11. September 2001. Wo waren Sie genau, als Sie erfahren haben, dass die Zwillingstürme eingestürzt sind? Wahrscheinlich wissen Sie das noch exakt. Waren Sie zu Hause in der Küche oder auf der Autobahn unterwegs? Autofahrer wissen oft noch genau, an welcher Autobahnausfahrt sie gerade waren, als das Radioprogramm für die Eilmeldung unterbrochen wurde. Und wo waren Sie am 11. September 2004 um die gleiche Zeit? 9/11 hat dafür gesorgt, dass Sie für immer wissen werden, was Sie an dem Tag gemacht haben, ohne dass Sie beschlossen haben, es sich zu merken.

Außer den emotionalen Bildern ist bei den meisten Menschen die Bewegung für kreative Bilder wichtig. Bei mir gibt es seit einem Jahr kein Bild mehr im Kopf, das nicht in Bewegung ist. Im Zweifelsfall bekommt der Kugelschreiber Hände und Füße und rennt über die Schreibtischplatte. Seitdem habe ich eine Trefferquote von 99,9 %. Mit dem Training kommt auch die Schnelligkeit. Anfangs brauchen Sie länger, um auf eine merkwürdige Idee zu kommen. Lassen Sie sich zu Beginn ruhig viel Zeit. Dann ist die Sicherheit des Merkens von Beginn an sehr hoch. Die Schnelligkeit stellt sich dann mit der Zeit ein.

Hier nun noch ein Beispiel für komplizierte Dinge: Der 42. Staat der Erde (alphabetisch sortiert) ist die Elfenbeinküste. Mein Platz 42 ist eine Abkalbebox im Stall. Was tue ich? Logisch! Ich stelle einen Elefanten mit riesigen Stoßzähnen in die Abkalbebox. Dass es keinen Staat gibt, der »Elefant« heißt, das weiß ich. »Elfenbeinküste« habe ich schon mal gehört und werde mich mit dem Elefanten vor Augen daran erinnern. Was passiert dabei blitzschnell im Gehirn? Die rechte Gehirnhälfte »sieht« das merkwürdige Bild des Elefanten in der Abkalbebox. Diese Information wird dann in die linke, die logische Gehirnhälfte übermittelt. Diese fragt sich dann: Gibt es einen Staat, der Elefant heißt? Nein, aber Elfenbeinküste habe ich ja schon mal gehört.

Elfenbeinküste ist nun kein komplett neuer Begriff. Jetzt aber das Problem: Die Hauptstadt der Elfenbeinküste heißt Yamoussoukro (der Regierungssitz ist Abidjan). Das ist schon schwieriger, ich zumindest hatte diesen Namen noch nie gehört. Meine Eselsbrücke: Der Elefant in der Abkalbebox hat vor sich eine große Schüssel mit Mousse au Chocolat (moussou). Darüber hängt ein großes Schild, auf dem steht: Kro (das dänische Wort für Gastwirtschaft). Und der Elefant sagt laut: »Ya!«, weil er es so gerne mag. Das »Zusammenbauen« übernimmt die linke Gehirnhälfte, nachdem die rechte Gehirnhälfte sich an die abgefahrene Bildergeschichte erinnert hat. Um auf diese Geschichte zu kommen, musste ich natürlich einige Minuten nachdenken. Einige Bilder für Staaten inklusive Hauptstadt sind dann aber auch zum Ausgleich wieder ganz simpel. Frankreich mit Paris, dafür reicht der Eiffelturm als Eselsbrücke.

Solche Dinge, die für immer bestehen bleiben, wie die Staaten der Erde, wiederhole ich natürlich ab und zu. Wenn Sie für immer in das Langzeitgedächtnis müssen, aus welchem Grund auch immer, dann lesen Sie im Kapitel »Das Langzeitgedächtnis«, wie es geht. Eine Einkaufsliste wird ganz bewusst nicht wiederholt, damit sie nach dem Einkauf bald wieder verloren geht.

Es ist bei mir auch noch nie zu Verwechslungen gekommen, dass ich im Supermarkt stand und verzweifelt nach »Afghanistan mit Hauptstadt Kabul« gesucht habe. Auch habe ich »Milch« noch niemals für den ersten Bundesstaat der USA gehalten. Die linke Gehirnhälfte ist ja zum Glück auch noch da. Sie brauchen keine Angst zu haben, dass Ihr »normales« Gehirn durch diese Merk-würdigkeiten in Mitleidenschaft gezogen wird.

Warum man sich keinen Einkaufszettel schreiben sollte

Weil selbst denken fit macht! Es ist zwar eine blöde Einrichtung der Natur, aber leider ist Stillstand Rückschritt. Wenn man immer nur die bequemen Dinge im Leben tut, geht es zwingend abwärts. Diese Aussage trifft körperlich, geistig und meistens auch beruflich zu. Wer nach Erreichen des Rentenalters nur noch im Sessel sitzt, fernsieht und Essen auf Rädern bestellt, der verfällt innerhalb weniger Jahre körperlich wie geistig.

- Bei Männern nimmt die Muskelmasse statistisch ab dem 30. Lebensjahr pro Jahr um 1 % ab. Es sei denn, man tut etwas dagegen.

- Die geistige Leistungsfähigkeit des durchschnittlichen Deutschen nimmt ab dem 25. Lebensjahr ab.
- Wer ein Unternehmen führt, muss es ständig weiterentwickeln, um das Bestehen zu sichern. Für Angestellte ist es von Vorteil, sich weiterzubilden, um im Fall von Kosteneinsparungen (Entlassungen) für den Arbeitgeber wertvoll zu sein.

So sieht die Kurve der geistigen Leistungsfähigkeit der Deutschen aus:

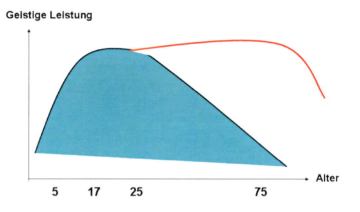

Mit 17 Jahren hat ein junger Erwachsener sein geistiges Leistungshoch erreicht. Dann bleibt es bis 25 auf einem hohen Level. Warum wohl? Natürlich wegen der Schule und der Ausbildung, die in Deutschland im Schnitt bis zum 25. Lebensjahr dauert. Dass der Effekt der Schule erheblich ist, kann man sich leicht vorstellen, wenn man es mit der körperlichen Fitness vergleicht. Kinder sind fünf Tage in der Woche vier Stunden pro Tag im »Fitnessstudio für das Gehirn«.

Das Besondere an der Schule ist, dass die Schüler gezwungen sind, sich auch mit Dingen zu beschäftigen, die sie nicht interessieren. Das trainiert besonders gut das Gehirn. Auch künstlerisch unbegabte Schüler müssen im Kunstunterricht malen. Das werden sie im Erwachsenenalter nicht tun, weil sie niemand dazu zwingt. Das heißt, dass die Schüler Bereiche des Gehirns trainieren, die eigentlich nicht so gut entwickelt sind. Täten Sie das im Fitnessstudio mit den Muskeln, also fünfmal die Woche für vier Stunden Hanteln stemmen, wie würden Sie dann wohl nach einem Jahr aussehen? So durchtrainiert sind die Gehirne der Schüler.

Und wie oft ist man im »normalen Leben« im Fitnessstudio für das Gehirn? Es gibt viele Wege, Anstrengung für das Gehirn zu vermeiden. Dazu gehört der Nummernspeicher im Telefon oder das Navigationsgerät im Auto. Fachleute nennen das dann »digitale Demenz«. Das ist die Normalität und gesellschaftlich akzeptiert, dass es mit dem Gehirn nun mal abwärtsgeht. Diesen Verlauf sehen Sie in Blau eingezeichnet. Aber Sie kennen doch bestimmt auch einen Menschen, der auf der roten Kurve und mit 75 Jahren geistig noch topfit ist, oder? Was tut sie oder er?

- Liest diese Person vielleicht viel?
- Ist sie vielseitig interessiert?
- Spielt sie Karten?
- Löst sie Kreuzworträtsel oder Sudoku?
- Hat sie noch ein Ehrenamt?
- Hat sie den Ehrgeiz, das Internet benutzen zu können?
- Schreibt sie den Enkeln eine SMS?
- Verreist sie gerne in fremde Länder?
- Und bewegt sie sich meistens auch körperlich viel (Tanzen oder Gymnastik)?

Wer mit 75 Jahren noch fit im Kopf ist, hat etwas dafür getan und ist nicht immer den bequemen Weg gegangen. Mein Opa war so ein Beispiel. Er war mit 84 Jahren noch fit im Kopf. Er hat fast täglich gekocht, sehr gut Skat gespielt, und er ist nachts um drei aufgestanden, wenn Boris Becker Tennis gespielt hat. Ihn hat alles interessiert. Mit über 80 Jahren hat er das goldene Tanzabzeichen gemacht. Als damals ältester Schleswig-Holsteiner. Dann hat er seine Lebensgefährtin verloren und innerhalb von drei Monaten eine neue Freundin kennengelernt. Sie war 70 Jahre alt, weil es wenige Damen in seinem Alter gab, die mit seiner Fitness mithalten konnten und zum Beispiel lange Reisen nach Gran Canaria durchhielten. Ab dann ging es mit seiner geistigen Fitness rapide bergab. Nach wenigen Monaten hatte er beim Einkaufen unterschiedliche Schuhe an, vergaß alles und nach einem Jahr mit seiner neuen Freundin war er dement.

Meine Erklärung ist: Seine neue Freundin hat ihm alles abgenommen. Er musste selbst nicht mehr denken. Sie hat ihm »die Hantel« geklaut. Natürlich war das lieb gemeint, hatte aber den Effekt, dass sein Gehirn in kürzester Zeit verfiel. Ich bin davon überzeugt, dass mein Opa einige Jahre früher Demenz bekommen hätte, wenn er sich nicht so fit gehalten hätte. Laut der Deutschen Alzheimer Gesellschaft ist regelmäßiges Training des Gehirns eine wichtige Vorbeugungsmaßnahme gegen Alzheimer.

Aus diesem Grund lerne ich jeden Tag etwas auswendig. Jedes Mal, wenn Sie eine Einkaufsliste zwar schreiben, aber sie sich mit der Raum-Methode merken, ist das eine Trainingseinheit für das Gehirn. Also ein Schritt auf die rote Kurve. Was kann man sonst tun, um auf die rote Kurve zu kommen oder dazubleiben? Zum Beispiel:

- Kreuzworträtsel lösen
- Betriebsanleitung des DVD-Rekorders verstehen
- einen Kurs an der VHS besuchen
- viel Lesen, und zwar auch Dinge, wo man noch kein Fachmann ist
- den Nachtisch mal mit der linken Hand essen (dann wird die andere Gehirnhälfte durchblutet)
- die Einkaufsliste im Kopf haben
- wichtige Telefonnummern im Kopf haben
- eine Sprache lernen
- die Staaten der Erde lernen
- …

Kurz gesagt: Strengen Sie einmal am Tag den Kopf etwas mehr an, als bequem ist. Das kann sogar richtig Spaß machen. In New York hat 2007 das erste Fitnessstudio für das Gehirn eröffnet. Das wird es in Deutschland ab 2010 sicherlich auch geben.

Es ist aber nicht nur wichtig, sich um die geistige Fitness zu kümmern, wenn Sie gesund und fit alt werden wollen. Wenn Sie rauchen, keinen

Sport treiben und sich schlecht ernähren, ist die Gefahr klein, dass Sie 85 Jahre alt werden. Aber falls Sie mindestens 85 Jahre alt werden wollen und dafür auch etwas tun, ist es fast zwingend, sich auch um die geistige Fitness zu kümmern, weil in Deutschland fast 50 % der 85-Jährigen Demenzerscheinungen haben. Gedächtnistraining ist natürlich auch keine Garantie, keine Demenz zu bekommen, aber es erhöht definitiv die Wahrscheinlichkeit, länger fit im Kopf zu bleiben.

Jetzt wieder zurück zum Raum-System.

Anwendungsbeispiele für das Raum-System

- Der Klassiker ist sicherlich die Einkaufsliste. Da haben auch Anfänger sofort Erfolgserlebnisse, weil man die abzulegenden Dinge nicht »umbauen« muss. Die Utensilien der Einkaufsliste sind gegenständlich, und deshalb kann man sie direkt auf die Plätze ablegen. Merkwürdige Bilder zu machen ist bei einer Einkaufsliste leicht, weil man die Sachen riechen, hören, schmecken und fühlen kann.
- Mein häufigstes Anwendungsbeispiel in meiner landwirtschaftlichen Zeit war die To-do-Liste, also die Erledigungen der Tagesplanung. Gerade bei meiner häufigsten Routinearbeit, dem Melken (drei Stunden pro Tag), ging mir viel durch den Kopf. Nur ist das Aufschreiben im Melkstand mit nassen Händen nervig. Da habe ich die zu merkenden Dinge auf Plätzen abgelegt: der große blutende Zahn auf Platz 1 für den Zahnarzttermin, den ich noch vereinbaren muss. Das platzende Tintenfass auf Platz 2 für die Tintenpatrone, die ich noch bestellen muss. Es ist dabei schwieriger, sich »Antrag ausfüllen« zu merken, weil so ein Antrag auf Platz 3 leicht langweilig und eben nicht merkwürdig wird. Da muss ich mir dann schon einen riesigen Geldsack vorstellen. Wenn ich mich an den Geldsack erinnere, werde ich schon auf den Antrag kommen. Ein Antrag, bei dem es um

3000,- Euro geht, den vergisst man ohnehin nicht so leicht wie die Druckerpatrone, die man noch bestellen muss.
- Schwierige Definitionen: Der PH-Wert ist der negative dekadische Logarithmus der Hydroxoniumionenkonzentration in einer Lösung.
Platz 1: ein Neger (sorry, politisch unkorrekt)
Platz 2: ein Dekan
Platz 3: eine Lok
Platz 4: ein hydraulischer Ochse
Platz 5: Klingonen
Platz 6: Konzert
Platz 7: Lostrommel
Alles klar? Das braucht man natürlich nur so lange, bis die Definition im Kopf verankert ist. Also nur für die Lernphase. Hier sind die richtigen Wiederholungsdurchgänge (siehe Kapitel »Langzeitgedächtnis«) ganz entscheidend.
- Geschichtliche Abläufe: Wie kam es zur Französischen Revolution?
Auf Platz 1 wird Bastian vom Sturm heruntergeweht (Sturm auf die Bastille)
Auf Platz 2 sind hungrige Bauern (Hunger in der Bauernschaft)
…
Auf Platz 10 fliegen die Kugeln (Die Revolution)
- Aufzählungen jeglicher Art, zum Beispiel:
die 16 Bundesländer
Entenarten für die Jagdprüfung
die 27 Staaten der EU
die Präsidenten der Vereinigten Staaten
Im Frühjahr 2007 habe ich die Präsidenten gelernt. Allerdings nur die Nachnamen ohne die Jahreszahl. Das Lernen dieser 43 Informationen, die aber alle sehr bildhaft sind, dauerte nur zehn Minuten. »Garfield« auf Platz 20 war wirklich in Sekunden zu bewältigen. Der hieß tatsächlich so! Zum Üben eignen sich die Präsidenten großartig. Es ist sehr leicht! Tatsächlich konnte ich nur wenige Monate nach dem Lernen mit dem Wissen punkten. Im Juli waren wir in Kenia auf Safari. Wir wurden zu sechst in einen Safaribus eingeteilt. Mit uns war eine New Yorker Familie

im Bus. Typische Amerikaner mit Shorts und großem Cowboyhut. Plötzlich hörte ich, wie der Vater mit seinem Sohn über Lincoln sprach, der wievielte Präsident er denn sei. Ich konnte aushelfen und wusste, dass er der 16. war. Amerikanische Kinder lernen die 43 Präsidenten in der Schule, aber dass ein Deutscher sie alle kennt, hat den Daddy doch sehr beeindruckt.

- Früher habe ich mir mit der Routenmethode auch den Routenplan bei längeren Autofahrten gemerkt. Das brauche ich heute wegen des Navigationssystems leider nicht mehr. Ich kann gut verstehen, dass es heutzutage »digitale Demenz« gibt. Seitdem die Navis fast perfekt funktionieren, muss niemand mehr auf die Karte schauen. Das macht dumm! Jedes Abbiegen von der Strecke war früher auf einen Routenpunkt abgelegt. A7 bis Abfahrt 48 / Dreieck Walsrode. Dann bis Abfahrt 13 (schwarze Katze). Abbiegen in Horst usw.
- Teilnehmerlisten, wenn Sie mit vielen Menschen zu tun haben, die Sie noch nicht kennen. Dazu mehr im Kapitel »Wie merkt man sich 100 Namen?«.
- »Ich packe meinen Koffer« können Sie mit der Routenmethode gegen 20 Personen gleichzeitig spielen, wenn Sie genug Plätze haben. Sehr beeindruckend.
- Es gibt nahezu unendlich viele Anwendungsbeispiele, von der Jagdprüfung bis zum Periodensystem der Elemente in Chemie. Ich hätte diesen Trick in meiner Schulzeit sehr gut gebrauchen können. Aber besser spät als nie!

Funktioniert das Raum-System bei allen Menschen?

Ja, zumindest bei allen, mit denen ich es bisher ausprobiert habe. Selbst ungeübte, verkalkte und Menschen mit geringer Intelligenz können die Techniken mit Erfolg benutzen. Das ist nicht hämisch zu verstehen, sondern absolut ernst gemeint. Leider beschäftigen sich diese Personen eher selten mit dem Thema, weil sie Angst haben, zu versagen. Natürlich bin ich kein Therapeut, aber ich habe alles, was ich sage, ausprobiert. Wichtig ist mir nur, dass ich nichts kaputtmachen kann. Und das können die beschriebenen Methoden ganz bestimmt nicht. Bei Menschen, deren Gehirn aus irgendeinem Grund nicht sehr leistungsfähig ist, dauert es natürlich entsprechend länger. Aber zum Ziel sind bisher alle gekommen.

Ein 16-jähriger Jugendlicher, der Lernstörungen hat, weil seine Mutter in der Schwangerschaft Alkoholikerin war, und der auch aus diesem Grund motorische Störungen hat, hat sich mit der Routenmethode zehn Begriffe in der richtigen Reihenfolge gemerkt. Das ist sicherlich nicht spektakulär, aber im normalen Leben konnte er damals 7 + 4 nur mit Hilfe der Finger ausrechnen. Als er in meiner landwirtschaftlichen Zeit bei mir auf dem Traktor mitgefahren ist, haben wir zum Zeitvertreib die Routenmethode gelernt. Er hat mir sein Zimmer beschrieben, damit er (und auch ich) die zehn Routenpunkte im Kopf hatten. Das dauerte natürlich deutlich länger als im Durchschnitt, aber wir hatten ja Zeit. Dann habe ich ihm eine Einkaufsliste gesagt und er hat die Dinge der Einkaufsliste auf die Plätze abgelegt. Ich habe dabei durch Nachfragen geholfen, die Bilder auch wirklich merkwürdig zu machen. Dann haben wir eine halbe Stunde später versucht, auf die zehn Dinge in der richtigen Reihenfolge zu kommen, und es hat geklappt. Damit war er zwar nicht gleich der Beste in seiner Klasse (Förderschule mit einem Lehrer für drei Schüler), aber auf jeden Fall war das ein positives Lernerlebnis für ihn.

In einem Vortrag hatte eine Mutter ihr dreijähriges Kind dabei. Das Kind spielte im Raum mit Bauklötzen. Die Zuhörer merkten sich im Seminarraum zehn Dinge. Die Mutter war dran und musste die zehn Dinge aufzählen. Bei Platz Nummer 6, der Yuccapalme in der Raumecke, zögerte sie kurz, um nachzudenken, was wir auf Platz 6 abgelegt hatten. Da sagte das Kind: »Wasser.« Das war richtig, denn wir wollten uns auf Platz 6 ein tropfendes Wasserrohr merken als Synonym für die Erledigung der Tagesplanung »Klempner anrufen«.

Das Kind hatte sich alles gemerkt, quasi ohne mitzumachen.

Sinnvoll wird es nach meiner Erfahrung mit Kindern erst ab der vierten Klasse. Da merken die Kinder dann schon, wie leicht es ist, sich mit dieser Technik die 16 Bundesländer mit Hauptstadt zu merken. Aber abstrahieren können sie es meistens erst ab der Pubertät. Bis dahin ist die Unterstützung durch die Eltern und Lehrer notwendig. Dabei ist nicht die Unterstützung für das Bildererzeugen gemeint, dass können Kinder besser als Erwachsene, sondern der Hinweis, dass bei einem Lernstoff die Raum-Methode hilfreich ist.

Die älteste Zuhörerin in einem Vortrag war 95 Jahre alt. Und bei ihr funktionierte die Technik ebenfalls.

Das Langzeitgedächtnis

Das Langzeitgedächtnis können Sie sich wie einen Eisberg vorstellen. Nur etwa ein Siebtel des Eisbergs ist sichtbar, der weitaus größte Teil befindet sich unter Wasser.

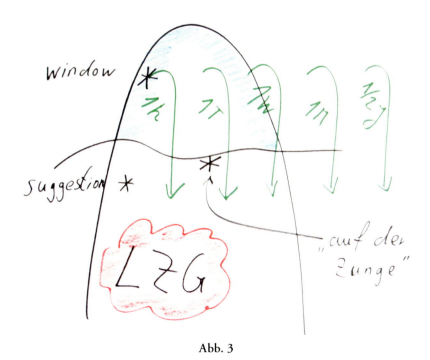

Abb. 3

Nahezu jeder Mensch in Deutschland hat einige Jahre Englischunterricht genossen. Doch wenn man eine Sprache nicht regelmäßig benutzt, verschwinden viele Vokabeln wieder unter der Oberfläche und sind dann nicht verfügbar, obwohl sie im Langzeitgedächtnis gespeichert sind. Was »window« heißt, nämlich »Fenster«, das weiß wohl jeder. Diese Vokabel ist über der »Wasseroberfläche« und den meisten Menschen präsent, weil Bill Gates es geschafft hat, die meisten Computer weltweit mit dem Windows-Programm auszustatten. Aber was heißt »suggestion« wörtlich übersetzt? Da kommen viele Leser wahrscheinlich nicht sofort drauf. Man kann es zwar ableiten, weil es den Begriff im Deutschen als Fremdwort auch gibt, aber »suggestion« heißt »Vorschlag«. Das ist etwas anderes als das deutsche »Suggestion«. Diese Vokabel haben Sie bestimmt früher gekannt, aber heute ist sie nicht mehr verfügbar, weil sie mangels Gebrauchs unter der Oberfläche des Langzeitgedächtnisses verschwunden ist. Doch es gibt eine Technik, mit der das Versinken der Informationen verhindert werden kann: durch fünf Wiederholungen. Das scheint einigen Lesern vielleicht sehr wenig zu sein, aber der Haken kommt noch. Denn diese Wiederholungen müssen nach sehr strengen zeitlichen Regeln erfolgen:

1. nach einer Stunde
2. nach einem Tag
3. nach einer Woche
4. nach einem Monat
5. nach einem halben Jahr

Wenn man diese Regel einhält, ist es relativ leicht, sich Dinge für immer zu merken. Dazu ein Beispiel: Wer einen Tanzkurs gemacht hat, kennt diese Situation. Am Mittwoch in der Tanzstunde werden den Tanzschülern neue Schritte im Tango beigebracht. Am Mittwoch in der nächsten Woche sagt die Tanzlehrerin: »Im Tango hatten wir etwas Neues gelernt, tanzt euch bitte ein.« 80 % der Paare haben jetzt aber leider die neuen Schritte vergessen. Nur die alte Folge ist noch da. Obwohl die alte Folge viel älter ist, ist sie verfügbar, die jüngere, neue Folge ist verschüttgegangen. Wenn die Tanzlehrerin jetzt die neuen Schritte noch einmal zeigt, erinnert man sich wieder ganz schnell an das Gelernte.

Jetzt stellen Sie sich vor, Sie lernen die neuen Tangoschritte am Mittwoch. Auf dem Weg nach Hause (etwa eine Stunde nach dem Lernen) wiederholen Sie mit Ihrem Tanzpartner noch einmal die Schritte, und sei es nur im Kopf. Dann sind die Tanzschritte noch da! Jetzt ist die zweite Wiederholung nach einem Tag, also am Donnerstagabend, dran. Idealerweise mit Musik, aber es geht auch ohne. Einfach nur theoretisch im Kopf die Schrittfolge durchgehen. Auch das wird ziemlich sicher klappen. Das ist jeweils ein Aufwand von einer Minute, weil die Informationen ja noch »warm« sind. Sie müssen gar nicht erst lange grübeln. Wenn Sie das gemacht haben, ist die dritte Wiederholung nach einer Woche dran, und das macht dann ja die Tanzlehrerin. Sie werden sehen, dass Sie die Schritte präsent haben. Nach Beendigung des Tanzkurses sollten Sie dann innerhalb eines Monats auf ein Fest gehen und die gelernten Tanzschritte anwenden. Für den zweiten Festball haben Sie ein halbes Jahr Zeit.

Glauben Sie mir, das funktioniert!

Gerade die entscheidenden Wiederholungen nach einer Stunde und nach einem Tag werden oft nicht gemacht. Aus Sicht der Gehirnforschung ist es völlig logisch, dass viele Informationen nach einer Woche bereits wieder weg sind. In Bezug auf die Wiederholungen für das Langzeitgedächtnis sind sich die Gehirnforschung und der Gedächtnistrainer einig. Das ist längst nicht immer so. Es gibt Gehirnforscher, die behaupten, dass ein Mensch niemals irgendetwas vergisst. Wenn man an die riesige Zahl der Gehirnzellen und der Verknüpfungen denkt, ist das vorstellbar. Nur nützen uns die Informationen in den Tiefen des Langzeitgedächtnisses herzlich wenig. Zwar sind sie durch spezielle Techniken, wie zum Beispiel durch Hypnose, wieder hervorzuholen, aber man will sich ja nicht für jede vergessene Vokabel in eine Hypnosesitzung begeben. Die eben beschriebene Wiederholungssequenz ist da eine praktischere Lösung, mit dem Nachteil, dass man schon beim Lernen entscheiden muss, ob man die Informationen für immer verfügbar haben möchte oder ob sie nicht wichtig sind. Eine Einkaufsliste muss man wahrscheinlich nur nach einer Stunde wiederholen, wenn man am selben Tag noch einkaufen geht. Die Handynummer meines Auftraggebers brauche ich oft nur 14 Tage, bis der Auftrag erledigt ist. Da muss ich nach einer Stunde, einem Tag und einer Woche wiederholen und dann darf die Nummer gerne wieder in die Tiefen des Langzeitgedächtnisses abtauchen. Vokabeln oder die Präsidenten der USA kann ich für immer gebrauchen. Folglich sind alle fünf Wiederholungen nötig.

Durch Mind-Mapping ins Langzeitgedächtnis

Für alle großen Lernmengen ist die Routenmethode natürlich nicht geeignet. Stellen Sie sich vor, Sie müssten 300 Seiten eines Fachbuches in den Kopf bekommen. Es ist zwar möglich, aber für normale Menschen nicht sinnvoll, alle Informationen der 300 Seiten auf Plätzen abzulegen. Eine gängige Technik ist das Lesen mit Marker. Die wichtigsten Passagen werden mit dem Marker markiert. Nun gibt es das Problem, dass einige Kapitel anschließend fast komplett gelb oder rot sind. Die Wirkung des Markers ist umso geringer, je mehr farbige Markierungen auf einer Seite sind. Das ist eine Krux, denn wo wenig Wichtiges ist, ist wenig markiert und wird viel gemerkt, und wo viel Bedeutendes steht, ist viel markiert und wenig wird gemerkt. Das nächste Problem sind die Wiederholungsdurchgänge (Stunde, Tag, Woche, Monat, halbes Jahr). Um die Wiederholungen zeitlich nicht ausufern zu lassen, sagt man als realistische Faustformel: **eine Stunde lernen, eine Minute wiederholen**. Da muss man sich schon auf das Wesentliche beschränken, wie zum Beispiel auf die fünf Problemvokabeln beim Vokabellernen. Und bei den 300 Seiten eines Fachbuches? Angenommen, Sie haben in einer Stunde 40 Seiten durchgearbeitet und das Wesentliche markiert. Eine Minute ist zu wenig Zeit, um die 40 Seiten noch einmal durchzublättern und das Wesentliche noch mal zu lesen. Deshalb bringen Sie die 40 – und nachher alle 300 Seiten – auf ein Blatt unter. Dazu bietet sich Mind-Mapping an. Falls Sie es nicht kennen, sei es hier kurz beschrieben. Mind-Mapping ist eine Technik, die von Tony Buzan erfunden wurde und bei der beide Gehirnhälften in die Arbeit einbezogen werden. Umfangreiche Informationen werden hier wie bei einer Landkarte (Map = Landkarte) auf einem Blatt untergebracht. Hier ist eine Mind-Map zum Thema »Weihnachtsgeschenke für den Partner«:

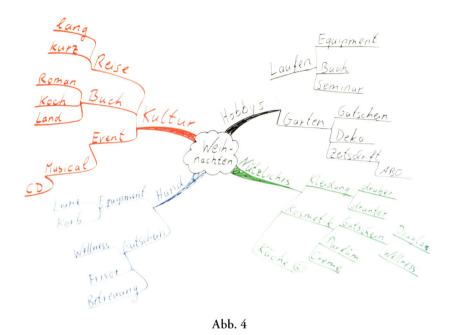

Abb. 4

Einige wichtige Regeln für Mind-Maps sind:

- nur ein Wort auf eine Linie
- auf die Linie schreiben, nicht dahinter
- ein Hauptast hat eine Farbe (in der Abb. 4 leider nicht sichtbar)
- sieben – plus / minus zwei – Hauptäste, nicht mehr
- DIN-A3-Blatt quer

Bei den »Weihnachtsgeschenken« schreibt man alles auf, was einem in den Kopf kommt, weil die Arbeitshandschuhe für den Vater (die ich ihm niemals schenken würde) mich zu dem tatsächlichen Geschenk »Laufhandschuhe für Christa« führen. Hätte ich die vermeintlich sinnlosen Arbeitshandschuhe nicht aufgeschrieben, wäre mein Gehirn nicht auf die gute Idee mit den Laufhandschuhen gekommen. In diesem Beispiel dient Mind-Mapping zur Ideenfindung. In zehn Minuten haben Sie so die Weihnachtsgeschenke für die nächsten drei Jahre zusammen.

Für große Lernmengen muss man die Hauptäste meistens nur aus dem Inhaltsverzeichnis abschreiben. Beim Lesen der 300 Fachbuchseiten schreibt man Neues und Wichtiges auf. Unwichtiges oder Bekanntes lässt man weg. Einen wichtigen Absatz versucht man auf wenige Stichworte zu reduzieren, weil man ja Platz sparen möchte. So durchdenkt man automatisch den Absatz und hat ihn verinnerlicht. Diesen Effekt haben Sie bereits in der Schulzeit kennengelernt, als Sie die aufwendig hergestellten Spickzettel in der Arbeit nicht brauchten, weil sie es im Kopf hatten. Hätten Sie den Spickzettel nicht gemacht, wäre es nicht im Kopf gewesen. Der Spickzettel hat also geholfen, ohne dass Sie ihn benutzt hätten. Bringen Sie Ihren Kindern also unbedingt bei, gute Spickzettel zu machen. Effektiver kann man kaum lernen.

Wenn Sie nun die 300 Seiten auf einem DIN-A3-Blatt untergebracht haben, ist die Minutenwiederholung möglich. Nehmen Sie dabei einen Marker und markieren Sie die Stellen der Mind-Maps, die noch nicht sitzen. Übrigens ist es bei der Lerntechnik Mind-Mapping durchaus hilfreich, fünf Minuten vor der Prüfung noch einmal auf die Mind-Map zu schauen. Fünf Minuten vor der Prüfung in 300 Seiten zu blättern dagegen nicht.

Das Namensgedächtnis

Wenn man 100 Personen in Deutschland auf der Straße fragt: »Haben Sie ein gutes Namensgedächtnis?«, antworten nur zehn mit: »Ja!« Aus diesem Grund ist die Wahrscheinlichkeit sehr groß, dass Sie, liebe Leser, sich ebenfalls schlecht Namen merken können. Damit sind wir auch schon am Kern der Sache angekommen. Wenn Sie sich einreden: »Namen kann ich mir nicht merken!«, wird Ihr Gehirn dafür sorgen, dass Sie recht behalten. Nur, warum schafft Ihr Gehirn es so leicht, recht zu behalten?

Stellen Sie sich vor, Sie würden auf einer Geburtstagsfeier zehn unbekannten Personen die Hand geben und sich vorstellen. Bei sechs der zehn Personen hätten Sie den Namen nicht richtig verstanden. Das ist völlig normal, denn für Namen gibt es keine Regeln. Nehmen wir den Satz: Ich werde heute Nachmittag den Rasen mähen. Das Wort »Rasen« versteht jeder Mensch sofort. Denn was soll man sonst am Nachmittag mähen?

»Rosen mähen« oder »Riesen mähen« oder »Vasen mähen«, alles wäre sinnlos. Also versteht das Gehirn den Begriff automatisch richtig, selbst wenn man das Wort »Rasen« nicht optimal verstanden hat, weil die Rahmenbedingungen ungünstig waren. Damit meine ich: undeutliche Aussprache, Unkonzentriertheit beim Zuhörer oder Nebengeräusche. Jetzt wieder zurück zur Party. Sie stellen sich einem Herrn vor, geben ihm die Hand und er sagt: »Rebna.« Jetzt, wo Sie diesen Namen geschrieben sehen, ist das ein ganz einfacher Name. Doch wenn Sie den Namen nur hören würden, könnte es auch »Rebner« oder »Reber« oder »Riebner« sein. Den Namen »Rebner« (100-mal) gibt es in Deutschland sogar viel häufiger als »Rebna« (zweimal). Man hat also nach dem Hören des unbekannten Namens überhaupt keinen Anhaltspunkt und versteht ihn deshalb oft nicht. Was soll Ihr Gehirn sich dann bitte schön merken, wenn der Name noch nicht einmal richtig angekommen ist?

Diese Situation der Geburtstagsfeier wäre in Nordfriesland etwas anders, weil 20 % der Geburtstagsgäste schon mal »Petersen« heißen. Der Rest verteilt sich dann auf »Hansen«, »Christiansen«, »Friedrichsen« usw. Diese Namen sind leicht zu verstehen, weil es dafür genaue Regeln gibt. In Norddeutschland kann ich meinen Namen Petersen ruhig nuscheln. Den versteht jeder, weil jeder den Nachnamen Petersen kennt. In Österreich wird daraus oft »Peters« und in Schweden muss ich meinen Namen sogar buchstabieren, weil es mehr als sechs Versionen von Petersen gibt: Petersen, Pettersen, Petterson, Peddersen, Pedderson, Pedersen usw. Das ist wie in Deutschland mit dem Namen »Meier«. Davon gibt es auch viele Versionen. Da müssen Sie sich den Namen schon buchstabieren lassen, wenn Sie ihn zum Beispiel in eine Kundendatei einpflegen möchten. Es könnte einen Kunden mit dem Namen Meier ärgern, wenn er in der Rechnung oder gar in der Werbepost mit »ey« geschrieben wird. Es ist zwar nicht sehr schlimm, aber ganz gewiss ist es auch kein Zeichen von Qualität für Ihre Firma, wenn Sie Namen falsch schreiben.

Was ist also zu tun? Als Erstes: Ändern Sie Ihre Einstellung. Wenn Sie sich immer einreden: »Namen kann ich mir nicht merken!«, wird ihr Gehirn dafür sorgen, dass Sie recht behalten. Sie reden fünf Sätze mit Herrn Rebna und zack, der Name ist schon wieder weg. Jetzt klopft Ihr Gehirn sich selbst auf die Schulter und sagt sich: »Recht behalten! Du konntest dir den Namen tatsächlich wieder mal nicht merken.« Das nennt man auf Englisch »self fullfilling prophecy«, das ist eine sich selbst erfüllende Prophezeiung. Mit diesem Glaubenssatz wird das Namensgedächtnis garantiert nicht besser.

Jetzt stellen Sie sich einmal vor, auf der Geburtstagsparty gehen Sie mit dem Vorsatz auf einen Menschen zu, sich den Namen auf jeden Fall zu merken. Sie wissen nun, wie wichtig es ist, den Namen erst einmal genau zu verstehen. Das ist der 2. Schritt: den Namen verstehen. Jetzt wird Ihnen bewusst, dass Sie in 60 % der Fälle den Namen nicht beim ersten Mal verstehen können, weil er undeutlich ausgesprochen wird und für Sie wie eine fremde Vokabel ist. Für die andere Person ist es ja schließlich auch sehr ungewohnt, dass plötzlich einer den Ehrgeiz hat, den Namen wirklich zu verstehen. Also Schritt 2a: nachfragen. Es geht nicht anders, auch wenn es nervig ist. Aber unhöflich ist es nicht. Im Gegenteil. Es ist sehr unhöflich, so wenig Interesse an einem anderen Menschen zu haben, dass es einem egal ist, ob man den Namen verstanden hat. Wenn man jetzt aber den Namen noch immer nicht verstanden hat, weil es sich um Herrn Tyrowski, also einen eher komplizierten Namen handelt, kommt der nächste Schritt.

Schritt 2b: buchstabieren lassen. Bei komplizierten Namen muss dem Gehirn zumindest das Schriftbild angeboten werden. Idealerweise sogar in Form einer Visitenkarte. Haben Sie keine Angst. Es nimmt Ihnen kein Mensch übel, wenn Sie sagen: »Den Namen habe ich noch nie gehört. Wie wird er geschrieben?« Sie können auch fragen, woher der Name stammt. Sehr oft wissen Menschen mit komplizierten Namen etwas über die Herkunft des eigenen Namens. Dies führt sogar schon manchmal zu einer Eselsbrücke.

Bei Namen mit unterschiedlichen Schreibweisen, die aber leicht zu verstehen sind, wie zum Beispiel bei dem Klassiker »Meier«, ist es für das Gespräch zwar unerheblich, dass Sie wissen, ob er mit »ai« oder »ey« geschrieben wird, aber es hat den Vorteil, dass Sie einige Sekunden Zeit haben, sich den Namen einzuprägen. Bei Firmenkontakten ist es ohnehin unerlässlich.

Schritt 2c: den Namen im Gespräch benutzen. Damit ist nicht gemeint, in jedem Halbsatz den Namen des Gegenübers einzubauen. Das wirkt dann wie im Callcenter einstudiert. Bauen Sie den Namen unauffällig in das Gespräch ein: »Hat Ihnen der Nachtisch auch so großartig geschmeckt, Herr Tyrowski?« Angenommen, Sie hätten jetzt »Tyrewski« gesagt, hat der Angesprochene die Chance, Sie zu verbessern. Sie kennen sich ja erst wenige Minuten, da ist der Fehler noch kein Problem. Stellen Sie sich vor, Sie wären sich unsicher, ob der Mann Tyrowski oder Tyrewski heißt. Dann würden Sie sicher vermeiden, den Herrn mit Namen anzusprechen, und das ist dann der Anfang vom Ende. Garantiert ist der Name dann sehr schnell wieder vergessen.

Schritt 3: eine Eselsbrücke bauen, das heißt: sich den Namen bildlich vorstellen und mit der Person verknüpfen. Ich will jetzt nicht so tun, als wäre das leicht. Aber zwei Drittel der Fehler werden bereits vor Schritt 3 gemacht. Wenn ich den Namen nicht richtig verstanden habe, wie soll ich mir dann die Eselsbrücke bauen? Für die Eselsbrücke zum Namen kann es auch sinnvoll sein, sich noch eine Zusatzinformation zum Namen zu merken. Das ist zwar noch mehr Arbeit für das Gehirn, aber manchmal kommt man durch diese auf kreative Ideen für den Namen.

Personengedächtnis

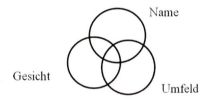

1. Positive Einstellung!!!
2. Verstehen: nachfragen
   buchstabieren lassen
   3 x gebrauchen
3. Vorstellen und Verknüpfen

Abb. 5

Zurück auf die Geburtstagsfeier. Sie brauchen etwas Zeit, um sich die Eselsbrücke zu bauen. Zumindest anfangs ist es so, dass Sie schätzungsweise drei Minuten für einen Namen dieses Schwierigkeitsgrades einplanen müssen. Nachdem Sie also den Small Talk mit Herrn Tyrowski beendet haben, suchen Sie sich idealerweise einen günstigen Ort, wo Sie Herrn Tyrowski im Blick haben. Jetzt entwickeln Sie Bilder, die man riechen, sehen, hören, schmecken und fühlen kann. Vielleicht »Tirol« oder »Tür« für den ersten Teil und »Ski« für den zweiten Teil. Jetzt müssen die Bilder noch mit der Person verknüpft werden. Vielleicht ist Herr Tyrowski groß und breit wie eine Tür und hat einen kahlen Kopf wie der Kronplatz (Skigebiet in Südtirol), auf dem man gut Skifahren kann. Sie müssen ihm ja nichts von der Eselsbrücke erzählen.

Wenn Sie sich diese Arbeit gemacht haben, holen Sie sich aber bitte auch die Belohnung ab. Stellen Sie sich nach einer Stunde wie zufällig zu Herrn Tyrowski und bauen Sie in die zweite Small-Talk-Runde seinen Namen ein. Wollen wir wetten, dass er beeindruckt ist? Meistens wird dieser positive Eindruck sogar angesprochen. Denn Herr Tyrowski hat Ihren Namen schon längst wieder vergessen.

Es ist übrigens durchaus sinnvoll, nicht nur den Körper und das Gesicht einer Person zum Verknüpfen zu benutzen. Oft bietet sich auch die Kleidung dafür an. Wenn Herr Wick beispielsweise ein blaues Hemd anhat, merken Sie sich einfach »Wick Blau«, sofern Sie die Halsbonbons kennen. Das ist zwar nicht perfekt, aber Sie überstehen damit schon mal den wichtigsten ersten Tag. Er wird sich während der Party wohl kaum ein anderes Hemd anziehen. Und am nächsten Tag werden Sie sich auch noch erinnern: »Richtig, der hatte gestern das blaue Hemd an.« Das hält sicherlich kein halbes Jahr vor, aber es ist schon mal besser als gar nichts.

Das Namensgedächtnis ist der schwierigste Teil des Gedächtnistrainings. Aus diesem Grund können Sie genau damit sehr leicht punkten, wenn Sie sich nur etwas besser Namen merken können. Wenn es alle könnten, wäre es nichts Besonderes mehr.

Im Gedächtnissport hat die Disziplin »Namen und Gesichter« ebenfalls eine Sonderstellung. Einige Anfänger können sich hier in fünf Minuten 25 Vor- bzw. Nachnamen merken, ohne eine besondere Technik zu haben. Simon Reinhard hält den Weltrekord mit 76 Vor- bzw. Nachnamen in fünf

Minuten. Simon betreibt seit Jahren Gedächtnissport und ist »nur« dreimal so gut wie gute Anfänger. Zum Vergleich die Disziplin »Zahlensprint«: Anfänger ohne Technik kommen mit viel Glück auf 30 Ziffern in fünf Minuten. Der Weltrekord steht bei 396 Ziffern in fünf Minuten. Da liegen Welten dazwischen. Auch durch intensives Training ist die Leistung der Gedächtnissportler bei »Namen und Gesichter« nur beschränkt zu verbessern.

Wie merkt man sich 100 Namen?

Das wiederum geht relativ leicht, nur gibt es hier eine Voraussetzung: Sie müssen eine Liste der Namen der zu lernenden Personen haben. Diese Situation habe ich immer in meinen Seminaren. Vor dem Seminar rufe ich den Organisator an und bitte ihn, mir die Teilnehmerliste zukommen zu lassen. Diese lerne ich dann auswendig. Das geht natürlich nur mit der Raum-Methode in vertretbarer Zeit. Im Schnitt sind in einem Seminar 15 bis 25 Namen auf der Liste, von denen ich meistens niemanden kenne. Dann lege ich die Vornamen und die Nachnamen gemeinsam auf einen Platz ab. Der 1. auf der Liste ist zum Beispiel Robert Amlacher. Auf meinem Platz 1, das ist eine Wandlampe, stelle ich mir einen **Roboter** vor, der **am Lachen** ist und die Glühlampe auswechselt. Die zweite Person auf der Liste ist Nadine Berends. Auf Platz 2, meinem Fernsehsessel, ist eine **Nadel**, die Gummi**bären** bis zum **Ende** aufspießt. Hierbei wundert man sich, wie gut die Autokorrektur der linken Gehirnhälfte funktioniert. Ganz wichtig ist es hierbei, den Perfektionismus auszuschalten. Eine perfekte Eselsbrücke werden Sie selten finden. Vertrauen Sie darauf, dass Ihr Gehirn es schafft, aus dem »Roboter am Lachen« den Robert Amlacher zu machen. Es funktioniert.

Mittlerweile habe ich für die häufigsten Vornamen fertige Bilder, die ich immer wieder verwende. Einige Beispiele sind:

- Nadine ist eine Nadel (merkwürdig)
- Patrick ist Pattex (merkwürdig)
- Georg ist ein Drachen (Georg der Drachentöter, bekannt)

- Thomas ist ein Fußballer (Thomas C. ist Fußballer, bekannt)
- Susanne ist eine Volleyballerin (Susanne W. ist Volleyballerin, bekannt)

Jetzt sind also die 20 Namen mit Vor- und Nachnamen im Kopf gespeichert. Das Lernen von 20 Personen dauert für mich fünf bis zehn Minuten, je nach Schwierigkeitsgrad. Dafür nutze ich eine Zeit, bei der ich die Bilder nebenbei machen kann:

- beim Zähneputzen
- auf der Toilette
- beim Abwaschen usw.

Der Zettel mit den Namen muss natürlich in der Nähe und sichtbar sein. Wer das noch nie gemacht hat, stellt sich jetzt vielleicht vor, dass man angestrengt auf den Zettel schaut. Nein, man holt den Namen nur auf dem Zettel ab, das dauert eine Sekunde (z. B. Robert Amlacher) und den Namen kann man dann »mit unter die Dusche nehmen« und sich in Ruhe eine schöne Eselsbrücke bauen.

Ich bin mir nicht sicher, ob es richtig ist, das jetzt zu sagen, aber ich tue es einfach: Fast alle Teilnehmerlisten, und das sind einige Tausend Namen pro Jahr, lerne ich beim Autofahren. Zur Beruhigung der Skeptiker: Ich fahre seit über 20 Jahren und weit über 500000 Kilometern unfallfrei. Natürlich lerne ich auch nicht, wenn ich mit 200 km/h auf der linken Spur fahre oder ich mitten in Köln die Schumacherstraße 34 suche. Aber wenn ich mit 130 auf der Autobahn dahinrolle oder mit knapp 100 auf der B199 zur A7 fahre, hier ist Überholen ohnehin fast unmöglich, dann geht das sehr gut. Sich eine Zigarette anzuzünden oder gar eine SMS zu schreiben, lenkt garantiert mehr ab. Fragen Sie mal LKW-Fahrer, was man beim Fahren alles erledigen kann.

Beim Autofahren habe ich allerdings keinen Stress. Es gibt Menschen, für die ist Autofahren Stress. Für mich ist es Erholung pur. Nach einem siebenstündigen Seminar freue ich mich auf die 450 Kilometer auf der Autobahn. Aber das ist eine persönliche Eigenart und auch zum Teil erblich bedingt. Es gibt Menschen, die sagen, ich solle mich beim Fahren auf den Verkehr konzentrieren. Da kann ich nur sagen, dass diese Menschen das Gehirn schlecht kennen. Das Gehirn ist mit dem Bewältigen des Autofahrens (auf Routinestrecken, wohlgemerkt!) so was von unterfordert, dass nahezu jeder Mensch dabei an andere Dinge denkt. Achten Sie mal darauf, an was Sie beim Autofahren denken. Es soll sogar Menschen geben, die beim Autofahren reden.

Aber jetzt zurück zur Teilnehmerliste. Das Lernen nebenbei dauert sicherlich etwas länger als die vorhin genannten fünf bis zehn Minuten, aber ich muss ja keine zusätzliche Zeit investieren. Die Zeit im Auto hätte ich auch ohne Lernen der Liste investieren müssen. Morgens vor dem Seminar wiederhole ich die Liste dann meistens noch beim Laufen. Dabei habe ich festgestellt, dass eine alphabetisch sortierte Liste von Vorteil ist. Wenn mir ein Bild auf einem Platz entfallen ist, kann ich den Anfangsbuchstaben meistens durch den folgenden und den vorherigen Namen herleiten. Fast immer komme ich so wieder auf den Namen. Das ist dann »Brainrunning«, weil ich dafür den Zettel nicht mitnehmen muss.

Jetzt beginnt das Seminar und ich habe noch kein einziges Gesicht den Namen zugeordnet. Allerdings habe ich zwei Drittel der Arbeit bereits abgehakt. Die Vor- und Nachnamen habe ich bereits miteinander verknüpft, ich muss jetzt nur noch das Aussehen zuordnen, wenn sich die 20 Seminarteilnehmer vorstellen. Wenn Herr Robert Amlacher reinkommt und mir die Hand gibt, dann kann er ruhig eine undeutliche Aussprache haben, ich werde den Namen schon erkennen und muss garantiert nicht nachfragen. Mein Job ist es jetzt, nach einer Verbindung zwischen Namen und Person zu suchen. Vielleicht hat er Lachfältchen an den Augen (Amlacher) oder sein Hemd hat metallene Knöpfe (Roboter). Ich brauche lediglich einen Anknüpfungspunkt.

Versuchen Sie das einfach mal. Es ist zwar etwas Aufwand, aber der steht in keinem Verhältnis zu dem durchschlagenden Erfolg. Suchen Sie nach einer Situation, in der Sie fünf bis zehn fremde Personen kennenlernen werden. Vielleicht ein geschäftliches Treffen mit einem Vorstand oder Sie besuchen eine Fortbildung. Es muss natürlich möglich sein, sich die Liste der Teilnehmer im Vorwege zu besorgen.

- Liste besorgen
- auf Plätzen ablegen, also auswendig lernen

- bei der Vorstellung gut zuhören und die (bereits fertigen) Bilder mit der Person verknüpfen
- in einer kurzen Pause die Personen im Geiste durchgehen
- sollte einer fehlen, den Raum durchgehen, nur diese Namen stehen zur Auswahl

Es funktioniert garantiert, nur tun muss man es!

Das Zahlengedächtnis

Wie viele Zahlen haben Sie im Kopf gespeichert? Wenn Sie jetzt alle Telefonnummern, Geschichtszahlen, Geburtsdaten und alle Fakten aufschreiben würden, hätten Sie nach einer Stunde sicherlich schon den größten Teil zu Papier gebracht. Diese Zahlen-Informationen sind auf der linken, der logischen Gehirnhälfte gespeichert. Es ist die wichtigste Gehirnhälfte, die nur leider nicht zum Merken gemacht ist.

Jetzt zur anderen Gehirnhälfte, der rechten. Dort sind die Geschichten gespeichert. Jetzt schreiben Sie alle Geschichten auf, an die Sie sich erinnern. Egal, ob diese interessant oder uninteressant sind. Die Geschichten von gestern und auch die aus Ihrer Kindheit. Wie lange würden Sie dafür brauchen? Wir sind uns also einig: Man kann sich nahezu unendlich viele Geschichten merken, aber nur sehr beschränkt Zahlen. Zahlen sind linkshirnige Informationen. Das heißt, dass sie auf der Gehirnhälfte verarbeitet werden, mit der man logisch denkt, also nicht mit der »Merk-Gehirnhälfte«. Selbst eine simple vierziffrige Zahl, wie zum Beispiel eine PIN-Nummer oder eine einfache Telefonnummer, können sich viele Menschen nicht merken. Es gibt hier besondere Tricks, die den Menschen gute Hilfen sind, die eine Begabung für diese Tricks haben. Diese sind unter anderem:

1. das Erkennen einer mathematischen Reihe
2. der Klang und der Rhythmus, wenn man die Zahl spricht
3. das »Bild«, wenn man die Zahl auf der Tastatur tippt

Wer eine dieser Begabungen hat, sollte diese natürlich auch bewusst verwenden. Bis zu einer sechsziffrigen Zahl funktionieren diese Techniken ganz gut. Darüber hinaus und für alle, bei denen diese Tricks nicht funktionieren, kommt wieder die Entwicklung von Bildern infrage. Wenn man sich also die Adresse von Karin in der Hauptstraße 11 über längere Zeit merken muss oder will, stellt man sich Karin in der Haustür mit Fußballschal, Fahne und Ball vor. Warum der Fußball für die 11 steht, ist klar, denke ich. Auch wer kein Fußballfan ist, weiß, dass 11 Spieler in einer Mannschaft sind und der Strafstoß Elfmeter heißt.

Vielleicht denken Sie sich jetzt: »Sich diese Bilder zu merken ist doch viel mehr Arbeit, als sich die 11 zu merken.« Stimmt eigentlich, nur die 11 ist für das Gehirn eine langweilige Zahl, genau wie die 9 oder die 13. Die Verwechslungsgefahr ist sehr groß. Dies schließen Sie bei Bildern aus. Bei der 9 hätte Karin gekegelt (9 Kegel) und bei der 13 hätte Karin eine große schwarze Katze auf der Schulter gehabt (Unglück / schwarze Katze für die 13).

Machen Sie bitte mal folgenden Test: Merken Sie sich folgende Geschichte. Lesen Sie dabei zügig und springen Sie nicht im Text zurück, auch wenn Sie nicht alles verstanden haben.

Ein Zweibein sitzt auf einem Dreibein und isst ein Einbein. Da kommt ein Vierbein und nimmt dem Zweibein das Einbein weg. Das Zweibein nimmt das Dreibein und bewirft damit das Vierbein. Das Vierbein wird von Dreibein getroffen und lässt das Einbein fallen. Da geht das Zweibein zum Einbein, hebt es auf, setzt sich wieder auf das Dreibein und isst das Einbein zu Ende.

Na, können Sie das wiederholen? Wenn Sie die Geschichte nicht kannten, wahrscheinlich nicht. Ihr Gehirn hat nur Ein-, Zwei-, Drei- und Vierbein verstanden. In einer Minute können Sie die Geschichte wiederholen. Ich baue jetzt die Geschichte in Bilder um. Drehen Sie einen Film von folgender Geschichte:

Ein Zweibein (Mensch) sitzt auf einem Dreibein (Hocker) und isst ein Einbein (Hühnerbein). Da kommt ein Vierbein (Hund) und nimmt dem Zweibein (Mensch) das Einbein (Hühnerbein) weg. Da nimmt das Zweibein

(Mensch) das Dreibein (Hocker) und bewirft damit das Vierbein (Hund). Das Vierbein wird vom Dreibein getroffen und lässt das Einbein fallen. Da geht das Zweibein zum Einbein, hebt es auf, setzt sich wieder auf das Dreibein und isst das Einbein zu Ende.

Ich wette, jetzt ist es für Sie viel leichter, sich die Geschichte zu merken, weil in Ihrem Gehirn eine Geschichte stattfinden konnte.

Dieses Prinzip des Bildermachens für Zahlen werden wir jetzt etwas strukturieren. Folglich ist der Trick, mit dem man sich fast unbegrenzt Zahlen merken kann, sich für Zahlen Bilder zu suchen. Diese Bilder sind aber nicht zufällig, sondern logisch mit der Zahl verknüpft. Für eine Zahl hat man dann immer das gleiche Bild. Hierfür mache ich zwei Vorschläge. Der erste Vorschlag, das Zahlen-Bilder-System, von mir einfach »Baumliste« genannt«, ist nur für die Zahlen von 1 bis 20 sinnvoll. Es ist schnell zu lernen und auch relativ weitverbreitet. Den Zeitbedarf für das Erlernen schätze ich auf 30 Minuten. Der zweite Vorschlag ist für Profis. Das »Major-System«, auch »ERKO-Code« genannt, erfordert sehr viel mehr Vorarbeit. Bis die »Major-Liste«, so nenne ich sie, bei mir in Fleisch und Blut übergegangen war, gingen ein Jahr und circa 20 Stunden Training ins Land. Aber mit der Major-Liste sind zehn Handynummern, Buchungsnummern, PINs, Zugangscodes, Daten und Fakten oder Geburtsdaten keine Herausforderung mehr. Das bringt richtig Spaß!

Das Zahlen-Bilder-System oder die Baumliste

Nehmen Sie einen Stift und ergänzen Sie eigene, bessere Ideen für die Zahlen.

		Erklärung	Eigene Ideen
0	Schneeball, Ei	ist rund wie eine 0	
1	Baum	hat 1 Stamm	
2	Fahrrad oder Schwan	hat 2 Räder oder sieht so aus: 2	

3	Dreirad oder Hocker	hat 3 Räder oder 3 Beine
4	Auto	hat 4 Räder, 4 Zylinder
5	Hand	hat 5 Finger
6	Würfel oder Sex	hat 6 Seiten oder ….
7	Zwerg	die 7 Zwerge
8	Achterbahn	klar, oder?
9	Kegel	alle Neune
10	Bibel	die 10 Gebote
11	Fußball	11 Spieler, Elfmeter
12	Geist	12 Uhr Geisterstunde
13	Schwarze Katze	13 Unglückszahl
14	Herz	14. Februar Valentinstag
15	Ritter oder Tee	15. Jahrhundert oder Teatime
16	Teenager	das Alter
17	Kartenspiel o. Klavier	17 und 4 oder Udo J. 17 Jahr, …
18	Führerschein	mit 18 Jahren
19	Abendessen	um 19 Uhr
20	Tagesschau (Fernseher)	um 20 Uhr

Falls Sie sich jetzt fragen, warum man sich für die 13 nicht »Freitag« merken kann, überlegen Sie sich, wie genau Sie sich »Freitag« bildhaft vorstellen können. Es müssen fassbare Bilder sein, mit denen man gute Geschichten machen kann. Die Dinge müssen sich irgendwie bewegen können, eine Farbe haben und mit allen fünf Sinnen leicht zu beschreiben sein. Denken Sie an »Freitag«. Was sehen Sie? Was hören Sie? Was fühlen Sie? Was schmecken Sie? Was riechen Sie? Es funktioniert schon, aber wahrscheinlich haben Sie »Freitag« zu etwas Gegenständlichem umgebaut. Vielleicht haben Sie sich den Freitag von Robinson Crusoe vorgestellt.

Jetzt zu Sex für die Zahl 6. Was sehen Sie? Was hören Sie? Was fühlen Sie? Was schmecken Sie? Was riechen Sie? Das ist schon ein Unterschied, oder?

Angenommen, ein neuer Mitarbeiter kommt in die Firma. Er hat am 09.12. Geburtstag. Wenn Sie sich dieses Datum merken wollen, stellen Sie sich einfach vor, dass der Neue an seinem Geburtstag immer zum

Kegeln geht. Mit ihm Kegeln ganz viele Geister. Für den 12. Monat, also den Dezember, können Sie sich selbstverständlich auch merken, dass er mit dem Weihnachtsmann kegeln geht. Sagen Sie sich das aber nicht nur vor, sondern stellen Sie es ich wirklich bildhaft, eventuell mit mehreren Sinnen, vor. Wie hört es sich an auf der Kegelbahn, wie riecht der Weihnachtsmann usw.?

Das Major-Zahlensystem

Die Baumliste funktioniert für einstellige Zahlen sehr gut, ist einfach anzuwenden und sehr schnell zu lernen. Von 10 bis 20 ist sie schon etwas komplizierter, aber auch noch sehr praktikabel. Welche Bilder macht man sich aber nun für die 43 oder für die 71? Wenn man die 43 aus der 4 und der 3, also Auto und Dreirad, zusammensetzt, besteht die Gefahr eines Zahlendrehers, weil die 34 ja aus den gleichen Bildern besteht. Wenn man ganz exakte Bilder macht, ist es zwar durchaus möglich, sich so größere Zahlen zu merken, aber einfacher wäre es, Bilder für alle Zahlen von 00 bis 99 zu finden.

Nach der Major-Liste gilt: Die 70 ist »Käse«, die 71 ist »Kette«, die 72 ist »Kanne«, die 73 ist »Kamm«, die 74 ist »Karre«, die 75 ist »Kelle«, die 76 ist »Koch« usw. Sicherlich haben Sie das System bereits in etwa erkannt. Die 70er sind Bilder, die immer mit dem Buchstaben »K« beginnen. Ein Herr Major hat diese Liste erfunden (stimmt zwar nicht so ganz, aber …) und einfach für die zehn Ziffern von 0 bis 9 jeweils einen oder zwei Konsonanten festgelegt. Aus welchem Grund er genau diese Konsonanten genommen hat, entzieht sich meiner Kenntnis. Hier ist die Liste der zehn Ziffern mit den Konsonanten und kleinen Merkhilfen dazu:

0 = s oder z (zero (englisch) = Null)
1 = t oder d (das »t« hat einen senkrechten Strich)
2 = n (hat zwei Beine)
3 = m (hat drei Beine)
4 = r (der letzte Buchstabe ist ein »r«)

5 = l (das römische Zahlenzeichen für die 50 ist das »L«)
6 = sch oder ch (die Buchstaben stecken in »sechs«)
7 = k oder ck oder hartes g (die 7 sieht aus wie eine **K**lippe)
8 = f oder w oder v oder ph (liegende 8 halbiert ist wie ein »w«)
9 = b oder p (die 9 ergibt gedreht und gespiegelt ein b und ein p)

Dazu gibt es noch zwei Regeln:
- Ein Doppelkonsonant zählt einfach (81 ist »Fett«).
- Ein »h« zählt gar nicht (35 ist »Mehl«).

Dann sucht man sich nacheinander für alle zweiziffrigen Zahlen ein passendes Wort, dessen Bedeutung sehr bildlich ist und sich gut für merkwürdige Geschichten eignet. Zu den vorgegebenen Konsonanten ergänzt man nach Belieben Vokale, um ein Wort zu bekommen. Hier ein Beispiel: 52 bedeutet »L« und »N«. Das ist laut Major so. Als Bild kommt beispielsweise »Leine« infrage. Nur das »L« und das »N« sind Konsonanten. Alles andere sind unbedeutende Vokale. »Laune« passt zwar auch, ist aber nicht gegenständlich und dadurch etwas schwerer vorstellbar.

In der nun folgenden Major-Liste gibt es auch einige Begriffe, die aus drei Konsonanten bestehen (27 ist »Nacken«). Das hat den Grund, dass ich keine tollen Begriffe mit zwei Konsonanten gefunden habe. Eigentlich wäre »Nacken« ja die Zahl 272. Aber da wir in diesem Fall nur eine Major-Liste für zweiziffrige Zahlen haben, zählen nur die ersten zwei Konsonanten. »Nackenstütze« wäre also ebenfalls nur die 27, obwohl es eigentlich 2720110 darstellt. Übrigens können Sie so auch einen Zugangscode verschlüsseln. Ihr Safe hat den Code 2720110. Dann stellen Sie sich vor, dass in dem Safe eine goldene Nackenstütze liegt. Der Major-Code muss dafür aber ganz sicher im Kopf sein.

Hier ist nun meine Major-Liste für die Zahlen 00 bis 99. Einige Bilder werden Ihnen gefallen und bei einigen haben Sie vielleicht eine bessere Idee. Ich habe mir die Major-Liste von Freunden aus der Gedächtnissportszene besorgt, 80 % übernommen und 20 % geändert. Die meisten Gedächtnissportler haben auch für die Zahlen von 00 bis 20 Bilder nach dem Major-System. Ich bin der Ansicht, die Arbeit kann man sich sparen und dafür die Baumliste einsetzen.

00	Ei	50	Lasso
01	Baum	51	Latte
02	Fahrrad	52	Leine
03	Dreirad	53	Lamm
04	Auto	54	Lore
05	Hand	55	Lolli
06	Würfel	56	Loch
07	Zwerg	57	Lack
08	Achterbahn	58	Löwe
09	Kegel	59	Lappen
10	Bibel	60	Schuss
11	Fußball	61	Schote
12	Geist	62	Schein
13	Schwarze Katze	63	Schaum
14	Herz	64	Schar
15	Ritter	65	Schal
16	Teenager	66	Schach
17	Kartenspiel	67	Scheck
18	Führerschein	68	Schaf
19	Abendessen	69	Schabe
20	Tagesschau / TV	70	Käse
21	Naht	71	Kette
22	Nonne	72	Kanne
23	Nemo	73	Kamm
24	Narr	74	Karre
25	Nil(pferd)	75	Kelle
26	Naschi (Schokolade)	76	Koch
27	Nacken	77	Keks
28	Neffe (Tick, Trick, Track)	78	Kaff
29	Nappa (Leder)	79	Kaba
30	Maß	80	Fass
31	Matte	81	Fett
32	Mann	82	Fahne
33	Mama	83	WM (Medaille)

34	Moor	84	Fähre
35	Mehl	85	Wal
36	Masche (Stricken)	86	Fisch
37	Mac (Burger)	87	Wok
38	Muffin	88	Waffe
39	Mappe	89	Wabe (Bienen)
40	Rose	90	Bass
41	Ratte	91	Bad
42	Rinne	92	Bahn
43	Rum	93	Pam (Pamela Anderson)
44	Rohr	94	Bar
45	Rille	95	Bulle
46	Rauch	96	Busch
47	Reck	97	Backe
48	Riff	98	Bifi (Minisalami)
49	Rabe	99	Baby

Diese Liste wirklich im Kopf zu haben, so dass einem bei der 73 sofort der »Kamm« einfällt, ist natürlich viel Arbeit. Bei mir hat es fast ein Jahr gedauert, bis mir der jeweilige Begriff innerhalb einer Sekunde eingefallen ist. Das weiß ich deshalb so genau, weil man erst dann in der Disziplin »Zahlensinfonie« bei den Gedächtnismeisterschaften mithalten kann. Bei der »Zahlensinfonie« werden 100 Ziffern im Abstand von einer Sekunde gesprochen und anschließend müssen die Ziffern in der gleichen Reihenfolge wiedergegeben werden. Wer hier über zehn richtig wiedergegebene Ziffern hinauskommen will, muss die Major-Liste blitzschnell abrufen können. Wie man die Major-Liste beim Laufen lernt, dazu später.

Mit der Major-Liste hat man jetzt für jede zweiziffrige Zahl ein Bild zur Verfügung. Ein kleines Beispiel für die Anwendung: Ein Mitarbeiter hat den Geburtsjahrgang 1955. Die 55 ist der Lolli. Ist er dünn, dann ist er trotz der vielen Lollis schlank, ist er eher füllig, dann liegt es an den Lollis, oder Sie wissen sogar, dass er Süßigkeiten liebt, dann passt es auch. Wichtig ist nur, dass Sie die rechte Gehirnhälfte beim Merken mit einschalten.

Dies haben Sie getan, wenn Sie sich nur irgendeine Geschichte mit dem Mitarbeiter und dem Lolli ausdenken.

Sollten Sie gar keine Erfahrung mit Gedächtnistraining haben, dann halte ich es für gut möglich, dass Sie dieses Prinzip anzweifeln. Da kann ich nur sagen: einmal ausprobieren. Das ist das Gute in einem Seminar: Ich kann jeden dazu »zwingen«, diese Erfahrung zu machen und das Erfolgserlebnis zu haben. Bei Büchern ist das so eine Sache. Hier ist es ganz allein Ihre Verantwortung, ob Sie das Buch nur lesen oder es auch ausprobieren.

Professionelle Anwendung des Zahlengedächtnisses

An dieser Stelle könnte ich natürlich berichten, wie sich Gedächtnissportler eine 100-ziffrige Zahl merken. Das kommt auch noch, aber mir scheint ein praktisches Beispiel von einem Seminarteilnehmer angebrachter zu sein. Ein Unternehmensberater erklärte mir seine Taktik in Gesprächen mit Firmen. Nennen wir ihn Herrn M. Es geht hier um ein erstes Vorgespräch mit einem potenziellen Kunden. Herr M. braucht als Erstes zehn Unternehmenskennzahlen, um einschätzen zu können, ob das Unternehmen zu ihm als Berater passt. Diese Kennzahlen könnten sein:

1. Mitarbeiterzahl
2. Umsatz
3. Gewinn
4. Eigenkapitalquote
5. Bilanzsumme
6. durchschnittliche Umsatzsteigerung der letzten fünf Jahre
7. Werbeetat
8. Forschungsetat
9. Krankentage
10. Fortbildungstage

Das Ziel von Herrn M. ist es, sich diese zehn Kennzahlen zu merken, ohne sich Notizen zu machen. Dabei werden einige Kennzahlen im Gespräch genannt und einige muss er erfragen, auf jeden Fall werden die Zahlen durcheinander und nur mündlich genannt. Herr M. hat dafür einen Raum des Raum-Systems reserviert. Platz 1 ist immer die Mitarbeiterzahl, Platz 2 ist immer der Umsatz, Platz 3 der Gewinn usw. Dieses System ist für immer gültig und ganz fest im Kopf verankert.

Angenommen, bereits im ersten Satz des Vorstandsvorsitzenden fällt die Aussage, dass der Gewinn neun Millionen Euro beträgt. Dann legt Herr M. die 9 auf Platz 3 ab. Er stellt sich also die Kegel, die ja laut Baumliste für die 9 stehen auf der Glasvitrine (Glasvitrine ist bei Herrn M. Platz 3) vor. Er sieht, wie das Glas zerbricht, und hört das laute Poltern der Kegel. 15 Krankentage hatte jeder Mitarbeiter der Firma im Schnitt. Auf Platz 9 stellt Herr M. sich folglich den Ritter vor.

Nachdem der Vorstand zuerst einmal die Firma kurz skizziert hat, sind vielleicht noch drei Plätze nicht belegt. Dann muss Herr M. eben nach der Bilanzsumme fragen. Wenn diese dann 71 Millionen Euro beträgt, dann rennen die Zwerge zum Baum und schütteln ihn.

Wer das noch nie gemacht hat, für den mag es sich kompliziert anhören, aber es funktioniert garantiert. Anschließend fasst Herr M. das Gehörte (ohne Zettel!) inklusive der zehn Zahlen zusammen und der Vorstand ist mit Sicherheit von Herrn M.s Kompetenz überzeugt, da er sich alle Kennzahlen sofort gemerkt hat. Heimlich werden sich einige Mitglieder des Vorstands fragen, ob sie selbst auch nur sieben dieser Kennzahlen auswendig gekannt hätten, obwohl sie seit Jahren im Betrieb tätig sind. Natürlich muss Herr M. außerdem ein guter Unternehmensberater sein, um den Auftrag zu bekommen, aber diese »Spielerei« kostet Herrn M. nichts und kommt mit Sicherheit gut an.

Wenn Sie so etwas selbst machen wollen, muss es aber auch funktionieren. Herr M. hat es natürlich mit seiner Familie oder Freunden dreimal getestet und geübt. Mittlerweile ist er darin so sicher, dass er zum Merken dieser zehn Zahlen fast die Technik schon nicht mehr braucht, weil er die Überzeugung hat: Ich kann mir das alles merken.

Das Merken der PIN-Nummer und anderer Geheimzahlen

Die PIN-Nummer stellt für viele Menschen ein Problem dar. In der Praxis läuft es, zumindest in Deutschland, folgendermaßen ab: Zuerst bekommt man die neue EC-Karte zugeschickt. Am nächsten Tag kommt ein zweiter Umschlag mit der PIN-Nummer. Da steht dann: »Ihre PIN ist 3714.« Am unteren Rand des Briefes steht der witzige Satz, den kaum jemand ernst nimmt: »Prägen Sie sich die Nummer gut ein und vernichten Sie das Blatt Papier.« Was denken Sie, wie viele Menschen tun das wirklich? Ein Blick, »Aha, 3714«, und dann wird das Blatt verbrannt? Ich vermute 99 % der Menschen wenden mehr oder weniger versteckte Tricks an, um die Nummer am gleichen Ort, also wahrscheinlich im Portemonnaie oder in der Brieftasche, zu deponieren. Denn schließlich braucht man die Nummer genau dann, wenn man auch die Karte braucht. Stellen Sie sich vor, Sie würden die Wiederholungsdurchgänge machen. Das hieße ja, eine Stunde nach Öffnen des Umschlages mit der PIN würden Sie am Automaten Geld holen. Dann wäre die Nummer 3714 garantiert noch präsent. Wann wäre die nächste Wiederholung dran? Richtig, nach einem Tag. Dann hätten Sie die nächsten 200,- Euro und die Nummer 3714 schon ein zweites Mal benutzt. Jetzt haben Sie eine Woche Zeit. Nach einer Woche benutzen Sie die Karte mit der neuen Nummer zum dritten Mal. Jetzt ist die neue Karte fast schon zur Routine geworden und wahrscheinlich würden Sie sich die 3714 jetzt auch ganz »normal« merken können.

Nur läuft es so ja nicht! Wer braucht schon in einer Woche dreimal seine Geheimnummer? In der Praxis haben viele Menschen nach drei Tagen bereits vergessen, dass sie eine neue Geheimnummer und eine neue Karte haben. Und ein ungeschriebenes Gesetz sorgt jetzt dafür, dass man die nächsten vier Wochen kein Geld braucht. Nach vier Wochen steht man dann am Automaten, steckt die neue Karte ein und tippt erst einmal die alte Nummer ein. In der Anzeige erscheint dann: »Geheimzahl falsch. Sie haben noch zwei Versuche, dann wird die Karte eingezogen.« Und hinter Ihnen stehen bereits drei Personen, denen aufgefallen ist, dass Sie nicht in der Lage sind, sich eine vierstellige Zahl zu merken. Was passiert dann? Sie bekommen Stress. Unter Stress steigt die Gehirnleistung aber leider

58

nicht an, sondern eher das Gegenteil geschieht. Die idiotensichere Lösung ist: Sie nehmen einen wasserfesten Stift und schreiben direkt auf die EC-Karte: Musikanlage, Vitrine, Stehlampe, Fernseher. Das sind nämlich die Bilder für die Nummern 3, 7, 1, 4, wie im Kapitel »Das römische Raum-Zahlen-System« beschrieben. Sollte die 0 dabei sein, nehmen Sie den Platz 10 für die 0. Das ist völlig ernst gemeint. Mit diesen vier Begriffen kann kein Mensch, auch mit noch so viel krimineller Energie, etwas anfangen. Das ist fälschungssicher. Sie dürfen natürlich nicht für 3714 »Dreirad, Zwerg, Baum, Auto« aufschreiben. Das wissen zu viele Menschen, wofür dieser Code steht.

Sollten Sie zehn Räume durchnummeriert haben, brauchen Sie sogar nur zwei Worte zu notieren. Ein Wort für Ihren Platz 37 und ein zweites für den Platz 14. Auf meiner Kreditkarte steht zum Beispiel »Panzer, Schraubstock«. Damit kann niemand etwas anfangen. Und wenn ich die Nummer nicht notiert hätte, wäre sie garantiert wieder weg, weil ich die PIN meiner Kreditkarte noch nie benutzt habe, da das Geld abheben mit der Kreditkarte ja nur in Ländern nötig ist, in denen es das EC-Karten System nicht gibt. Das mache ich mit allen PINs. Ich habe ein kleines Buch auf meinem Schreibtisch, darin steht zum Beispiel: PIN Augsburger Aktienbank: gelber Sessel, Traktor, Pokal. Bei Miles and More: Hochdruckpresse, Erdbeerbeet, Ice-Chrusher usw. Das mache ich natürlich nur bei Geheimzahlen, die ich nicht ändern kann. Bei den anderen, meist den nicht so gefährlichen wie der Zugangscode für Buchungen bei der Bahn, ändere ich die Nummer in meinen Standardcode (ein bekanntes Geburtsdatum).

Vokabeln lernen

Es ist schon eigenartig, da gibt es 12-jährige Jungen, die alle Spieler der Fußball-Bundesliga auswendig können. Dabei sind das komplizierte Namen, weil kaum noch Deutsche dabei sind. Aber die Namen Owomojela und Madavikia können sich diese Jungen ohne Probleme mit der dazugehörigen Rückennummer merken. In der Bundesliga kommen da locker

200 Namen zusammen. Im Schulunterricht geht es jetzt um »nur« 50 Vokabeln, und es scheint fast unmöglich, diese zu behalten. Warum ist das so? Weil für die Fußballer »bewusstes Interesse« besteht und für die Vokabeln nicht. Also müssen die anderen Wahrnehmungsfilter »Bekanntes« und »Merkwürdiges« herhalten.

Bevor ich aber dazu komme, wie man sich für die Vokabeln Eselsbrücken baut, möchte ich noch einmal an die Wiederholungsdurchgänge erinnern. Wenn eine Mutter oder auch der Vater mit den Kindern Vokabeln lernt und nach 30 Minuten die gelernten Vokabeln im Kopf sind, dann beginnt der Prozess des Versinkens im Langzeitgedächtnis, sofern nicht wiederholt wird. Der erste Wiederholungsdurchgang ist nach einer Stunde dran. Damit sind aber nicht alle Vokabeln gemeint, sondern nur die drei (oder fünf) Problemvokabeln. Das ideale Lernen wäre, wenn der Lehrer, in diesem Fall der Vater oder die Mutter, sich die drei Problemfälle merken würde. Die Problemfälle sind die schwierigen Vokabeln, die aber trotzdem wichtig sind. Eine Stunde nach dem Lernen, zum Beispiel während des Abendessens, fragt der »Lehrer«: »Was heißt noch mal ‚suggestion'?« Dann ist die Übersetzung »Vorschlag« noch präsent, weil diese Information noch nicht unter der Oberfläche des Langzeitgedächtnisses verschwunden ist. Dabei ist ganz entscheidend, dass die Kinder durch diese schnelle Wiederholung gar nicht erst in die Frustrationsschleife geraten. Nach einer Stunde sind ziemlich sicher alle drei Problemvokabeln noch präsent. Würde die Abfrage erst nach zwei Tagen geschehen, würde das Kind garantiert von den drei Problemvokabeln zwei vergessen haben und wäre wieder mal frustriert, weil Vokabellernen ja so schwer ist. Wenn die erste Wiederholung erfolgreich verlaufen ist, wird nach einem Tag, vielleicht während der Werbepause im TV oder an der roten Ampel im Auto, noch einmal nach den drei Problemvokabeln gefragt. Die sind dann (fast) garantiert noch da.

Wer selbst lernt, also ohne Hilfe, liest die Vokabeln ganz klassisch einige Male durch und deckt dann die Bedeutung ab. Viele Vokabeln gehen leicht rein in den Kopf. Bei den Problemvokabeln machen Sie dann ein Zeichen und wiederholen genau diese nach einer Stunde, einem Tag, einer Woche usw. Dabei ist das Lernen mit einem Karteikartenkasten (Problemvokabeln sind vorne) eine große Hilfe. Das bisher Beschriebene ist immer sinnvoll, ob mit oder ohne Gedächtnistechniken.

Jetzt kommen wir zu den Gedächtnistricks, mit denen man sich 25 bis 50 Vokabeln in fünf Minuten merken kann. Man macht eine Bilderkette aus drei Bildern. Das erste Bild ist dabei die Vokabel. Zum Beispiel »gossip«. Das ist eine englische Vokabel, die nicht so sehr bekannt ist. Wenn Sie die Vokabel nicht kennen, können Sie das Beispiel leichter nachvollziehen, als wenn Sie die Bedeutung bereits kennen. Dann erscheint automatisch das Bild der Bedeutung im Kopf. Wer Glück hat und die Vokabel noch nicht kennt, muss sich jetzt fragen: »Was schießt mir als Erstes durch den Kopf, wenn ich »gossip« sehe oder höre?« Womöglich »Gosse« oder »Gothic« oder »Gospel«. Egal, was Ihnen einfällt, machen Sie jetzt eine Geschichte aus Ihrer Assoziation und der Bedeutung. »Gossip« heißt »Klatsch, Tratsch«. Fällt Ihnen ein, was die Gosse oder der Gospel-Chor mit Klatsch oder Tratsch zu tun hat? Ganz leicht, oder? Im Gospel-Chor wird bestimmt auch mal getratscht oder nach dem Auftritt geklatscht.

Ein anderes Beispiel aus dem Italienischen: »Francobello« heißt »Briefmarke«. Finden Sie das »Missing Link«. Man muss nur nach der Schnittmenge beider Begriffe suchen. Stellen Sie sich Bello vor, der mit seiner großen nassen Zunge die Briefmarken aufklebt, also frankiert.

Mit dieser Technik lassen sich 20 bis 30 Vokabeln in fünf Minuten lernen. Anfangs sind sich viele Menschen unsicher, ob sie sich wirklich eine schöne Geschichte bildlich vorgestellt haben oder einfach nur »Gossip, Gospel, Klatschen« vor sich hingesagt haben. Dafür gibt es einen Trick für Anfänger: Malen Sie die Eselsbrücken auf. Das muss nicht schön sein, aber dann haben Sie mit Sicherheit ein Bild im Kopf. Das machen Sie anfangs am besten bei den Problemvokabeln und die anderen lernen Sie ohne Zeichnung. Die Problemvokabeln dauern so zwar etwas länger, sind aber sehr sicher im Kopf.

Übrigens haben Sie unbewusst auch die Vokabeln, die man »einfach so« behält, mit Eselsbrücken gelernt. Wer »francobello« gleich beim ersten Mal behält, hat vielleicht automatisch an »frankieren« gedacht, ist sich dessen nur nicht bewusst. Das ist bei kleinen Kindern und Gedichten genauso. Wenn die Eltern die Kinder fragen, warum sie das Gedicht so schnell lernen und welche Technik sie angewandt haben, werden sie kaum eine Antwort bekommen wie: »Ich habe eine fantasievolle Bilderkette daraus gemacht.« Genau das haben sie aber getan, eben nur unbewusst.

Die Vokabeln ärgern mich im Nachhinein fast am meisten. Wie habe ich es in meiner Schulzeit gehasst, immer zu wiederholen. Ich habe rein linkshirnig durch Wiederholen gelernt. Das war anstrengend, langweilig, zeitraubend und wenig nachhaltig. Hätte ich nur von dem wichtigen Wiederholungsrhythmus gewusst. Das alleine hätte mir schon sehr geholfen. Und das Bildermachen hätte mir vielleicht sogar Spaß gemacht. Da hätte ich auch Zeit sparen können, indem ich mit Freunden gelernt hätte. Wir hätten die Vokabeln aufgeteilt und die Eselsbrücken dann ausgetauscht. Meistens sind diese für viele Menschen nachvollziehbar, zumindest für Menschen im selben Alter und Umfeld.

Der Gedächtnissport

Im Gedächtnissport gibt es auf internationaler Ebene zehn Disziplinen wie beim Zehnkampf in der Leichtathletik. Diese sind:

- Zahlensprint
  Merken von möglichst vielen Zahlen in 5 Minuten
  Weltrekord: 396
- Zahlenmarathon
  Merken von möglichst vielen Zahlen in 60 Minuten
  Weltrekord: 1949
- Zahlensinfonie
  Merken von möglichst vielen Zahlen, die im 1-Sekunden-Abstand vorgelesen werden
  Weltrekord: 188
- Binärzahlenmarathon
  Merken von möglichst vielen Einsen und Nullen
  (110010100110…) in 30 Minuten
  Weltrekord: 4140
- Historische Daten
  Merken von möglichst vielen fiktiven historischen Daten in 5 Min.
  Weltrekord: 99

- Abstrakte Bilder
  Merken der Reihenfolge abstrakter Bilder (Fachjargon: Flecken merken) in 15 Minuten
  Weltrekord: 244
- Wörterlauf
  Merken von möglichst vielen willkürlichen Begriffen in der richtigen Reihenfolge in 15 Minuten
  Weltrekord: 227
- Namen und Gesichter
  Merken möglichst vieler Namen zu Porträtfotos in 15 Minuten
  Weltrekord: 181
- Kartensprint
  Merken eines 52er Kartenstapels (Pokerblatt) in höchstens 5 Min.
  Weltrekord: 26,28 Sekunden
- Kartenmarathon
  Merken von möglichst vielen Kartenstapeln in 60 Minuten
  Weltrekord: 27

Auf nationaler Ebene sind die Wettbewerbe zeitlich etwas anders gestaltet. Bei den deutschen Meisterschaften sind die Marathonwettbewerbe zum Beispiel nur 30 Minuten lang. Bei den regionalen Meisterschaften (norddeutsche und süddeutsche Meisterschaften) gibt es statt »Abstract Images« die Disziplin »Text«. Hier muss man sich einen bisher unveröffentlichten Text merken. Für Kinder und Jugendliche gibt es auch noch die Disziplin »Vokabeln«. Hierbei handelt es sich aber um fiktive Vokabeln, damit ein mehrsprachig aufgewachsenes Kind keinen Vorteil hat. Die Teilnehmer werden in vier Altersklassen unterteilt:

- Kinder bis 12 Jahre (entscheidend ist das Geburtsjahr, nicht das genaue Datum)
- Junioren bis 18 Jahre
- Erwachsene von 18 bis 60 Jahre
- Senioren ab 60 Jahren

Zahlensinfonie, Zahlensprint und Zahlenmarathon

Im Gedächtnissport gibt es drei Disziplinen in der Kategorie »Zahlen«: die Zahlensinfonie (100 Zahlen werden im Sekundenabstand akustisch vorgegeben), der Zahlensprint (Merken einer möglichst langen Zahlenfolge in fünf Minuten, wobei die Zahlen schriftlich vorliegen) und der Zahlenmarathon (wie Zahlensprint, nur 30 bzw. 60 Minuten). Fehler sind im Gedächtnissport quasi nicht erlaubt. Bei der Zahlensinfonie ist man beim ersten Fehler raus. Steht auf dem Lösungsblatt: 627910355610983789342209815374 (30 Ziffern) und die **1** (fett gedruckt) ist falsch, dann hat man nur zehn Punkte, auch wenn nach dem Fehler noch 19 Richtige kommen. Bei den anderen Disziplinen ist die Wertung ähnlich hart.

Die Zahlensinfonie ist eine Disziplin, in der nur Gedächtnissportler eine gute Leistung erzielen können. Eine natürliche Begabung bringt hier gar nichts. In der Disziplin »Namen und Gesichter« ist das anders, da können auch Begabte ohne Technik sehr gut abschneiden. Aber wer sich in 10 Sekunden 10 Ziffern einprägen kann, ist schon sehr gut. Die Wiedergabephase beginnt nämlich erst, wenn alle 100 Ziffern gehört wurden. Im zweiten Durchgang werden sogar 200, im dritten Durchgang 300 Ziffern memoriert.

Versuchen Sie es mal: Lassen Sie sich von jemandem im Abstand von einer Sekunde zufällige Zahlen sagen. Nach sieben Zahlen ist bei den meisten Schluss. Die Gedächtnissportler machen es so: Sie nehmen immer zwei Ziffern zusammen, machen daraus das Bild der Major-Liste und legen das auf einen Platz in ihrem Raum-System ab. Für zwei Ziffern hat man da nur zwei Sekunden Zeit. Deshalb ist eine Wiederholung nicht drin. Beim ersten Versuch muss das Bild sitzen. Und natürlich muss auch das Major-Bild im Bruchteil einer Sekunde da sein.

Die Disziplin »Zahlensprint« ist da schon etwas stressfreier, da man in der eigenen Geschwindigkeit vorgehen kann. Viele Gedächtnissportler legen, wie bei der Zahlensinfonie, zwei Ziffern auf einem Platz ab. Dann haben Sie ein Bild pro Routenpunkt und brauchen für 100 gemerkte Ziffern somit 50 Routenpunkte. Ich lege beim Zahlensprint zwei Bilder auf einem Platz ab, so dass ich für 100 Ziffern nur 25 Routenpunkte brauche. Hierbei muss ich natürlich auf die Reihenfolge achten. 1155 bedeutet:

Der Fußball liegt in der Yuccapalme (Routenpunkt), und dann kommt ein riesengroßer Lolli, der den Fußball zersticht. 5511 bedeutet: Viele Lollis hängen in der Yuccapalme, werden von einem Fußball getroffen und fallen ab. Natürlich kann es so auch mal vorkommen, dass ich die Reihenfolge vertausche. Das ist aber zum Glück sehr selten.

Die Alternative ist das PVO-System. Mit dieser Technik ist es fast unmöglich, die Reihenfolge zu vertauschen. Es werden sechs Ziffern auf einem Routenpunkt abgelegt. Das »Einrichten von PVO im Kopf« erfordert aber sehr viel Zeit. PVO ist die Abkürzung für: Person, Verb, Objekt. Grundlage von PVO ist die Major-Liste. Nach den Regeln der Major-Liste überlegt man sich 100 Personen, 100 Verben und 100 Objekte. Die 100 Objekte sind die eigentliche Major-Liste. Person 00 ist zum Beispiel »Susi«, sofern Sie eine Susi kennen. Vielleicht sogar die Susi von »Susi und Strolch«. Zur Erinnerung: Das »S« steht für die 0. Person 63 ist in meiner PVO-Liste »Schumi«, weil »Sch« die 6 und das »m« die 3 ist. (Siehe Kapitel »Das Major-Zahlensystem«)

Genauso geht man dann auch bei den Verben vor. Verb 41 ist bei mir »reiten«, weil die 4 das »r« und die 1 das »t« ist. Kann ich schon ein Beispiel wagen? 634113 ist nach PVO: »Schumi reitet eine schwarze Katze.« Die ersten zwei Ziffern sind die Person, Ziffer drei und vier sind das Verb und die letzten zwei stellen das Objekt dar. 416313 wäre: »Rotkäppchen schäumt die schwarze Katze.« Hoffentlich haben Sie sich jetzt nicht von der schwarzen Katze verwirren lassen. Die schwarze Katze ist die 13 wegen der Unglückszahl, ohne die Major-Liste zu bemühen. 411363 wäre: Rotkäppchen taumelt in den Schaum. Alles klar? Das hört sich kompliziert an, ist es auch, aber durch zehn kleine Geschichten hat man sich immerhin 60 Ziffern gemerkt. Die Geschichten sind garantiert merk-würdig. Man braucht im Prinzip noch nicht einmal kreativ zu sein, denn normal sind diese Kombinationen aus PVO so gut wie nie. Wenn Sie gerade nur Bahnhof verstanden haben, ist das nicht schlimm. Sie brauchen es nur, wenn Sie Gedächtnissportler werden wollen.

Einige Gedächtnissportler haben sich in den letzten Jahren ein 3er-Major-System erarbeitet. Dann hat man für jede dreiziffrige Zahl ein Bild, also tausend Bilder im Kopf: Die 159 ist die Tulpe (1 = D oder T, 5 = L, 9 = B oder P, siehe Kapitel »Das Major-Zahlensystem«). Die 231 ist der Nomade

(2 = N, 3 = M, 1 = D / T). Die 846 ist der Frosch (8 = F oder W, 4 = R, 6 = CH oder SCH). Ich verzichte hier darauf, diese 1000er-Liste abzudrucken. Per Mail (info@brainrunning.de) schicke ich Ihnen meine Liste gerne zu.

Wer diese 1000 Bilder im Kopf hat, der kann sich also mit zehn Bildern in einem Raum eine 30-ziffrige Zahl merken. Für meine Handynummer 0171 5818558 braucht man dann nur noch drei Bilder: »01« ist klar, so fängt jede Handynummer an. Dann baut man eine Geschichte mit Jürgen als Startpunkt. Jürgen hat einen Kittel »715« an (logisch, als früherer Bauer). Auf dem Kittel ist ein riesiger Fettfleck »818« und Lilifee (das ist eine rosa Puppe für kleine Mädchen) »558« versucht den Fettfleck zu beseitigen. Sie merken schon an dem Bild »558, Lilifee«, dass es nicht immer möglich ist, simple Bilder zu finden. Oder fällt Ihnen ein Wort ein, dass aus den Konsonanten L, L und F / W besteht? Falls Sie eine bessere Idee haben, her damit!

Bei mir hat es zwölf Monate gedauert, bis ich die 2er-Major-Liste richtig gut im Kopf hatte. Richtig gut heißt, dass man im selben Augenblick, in dem man die Zahl »72« hört, bereits die »Kanne« sieht. Zurzeit arbeite ich an der 3er-Major-Liste. Seit März 2008 ist sie fertig und ich werde sie bei den Weltmeisterschaften 2008 das erste Mal in der Disziplin »Historische Daten« anwenden. In fünf Jahren wird man ohne die 3er-Liste im Gedächtnissport wohl zu den Losern gehören.

Historische Daten

Diese Disziplin ist quasi aus der Schule entnommen. Die Gedächtnissportler bekommen 120 historische Daten in schriftlicher Form:

1314: Eine Postkutsche versinkt im Schlamm.
1638: Martha wird zur Kaiserin gekrönt.
1298: Erstes Affenkrankenhaus in Rom eröffnet.
2067: Michael Schumacher wird Gedächtnisweltmeister der Senioren.
…   usw.

Auf dem Wiedergabeblatt stehen die Ereignisse in anderer Reihenfolge und es muss die Jahreszahl ergänzt werden:

____ Erstes Affenkrankenhaus in Rom eröffnet.
____ Michael Schumacher wird Gedächtnisweltmeister der Senioren.
____ Eine Postkutsche versinkt im Schlamm.
____ Martha wird zur Kaiserin gekrönt.
____ usw.

Die Jahreszahlen sind zwischen 1000 und 2100. Es sind also auch Daten aus der Zukunft dabei. Die Zahlen sind per Zufallsgenerator erzeugt. So kann es vorkommen, dass 1256 bereits das fliegende Motorrad erfunden wurde. Wie merkt man sich jetzt diese Geschichtszahlen? Das ist eigentlich ganz einfach und funktioniert natürlich wieder nach dem Prinzip einer Verknüpfung aus »Bekanntem« und »Merkwürdigem«. Angenommen, 1413 versinkt die Postkutsche im Schlamm. Dann stellen Sie sich jetzt mal vor, wie das aussehen würde, wenn die Postkutsche im Schlamm versinkt. Die Postkutsche ist über und über mit großen roten Herzen bemalt (Herz ist die 14, Valentinstag). Auf dem Kutschbock sitzt die schwarze Katze (13 ist die Unglückszahl) und versucht verzweifelt, die Kutsche wieder aus dem Schlamm zu ziehen. Fertig.

Auf dem Wiedergabeblatt steht dann: »____ Postkutsche versinkt im Schlamm«. Ich stelle mir nun wieder die Postkutsche im Schlamm vor und automatisch erscheinen vor meinem geistigen Auge die Herzen (für die 14) und die schwarze Katze (für die 13). Aha, das gesuchte Datum ist 1413.

Wenn man die 3er-Major-Liste im Kopf hat, braucht man nur ein Bild für die 413 (Radmutter), weil man sich die »1« für das Jahrtausend auch so merken kann. Das könnte man doch auch zum Bild verknüpfen, oder?

Für sinnvolle Geschichtszahlen ist das Prinzip natürlich identisch. Albert Einstein ist 1955 gestorben. Stellen Sie sich die Beerdigung von Einstein vor. Sein bekanntestes Foto mit der herausgestreckten Zunge ist auf den Grabstein gedruckt und er bekommt einen letzten Lolli. Lolli ist die 55, weil die 5 das »L« ist. Das Jahrhundert weiß man ja normalerweise, deshalb kann man sich das sparen.

Ein zweites Beispiel: Das Brandenburger Tor wurde 1791 fertiggestellt und die Quadriga wurde von einem Bildhauer namens Schadow entworfen. Die Geschichte dazu könnte folgendermaßen lauten: Auf dem

Brandenburger Tor steht die Quadriga und zieht eine Badewanne (91 = Bad) hinter sich her. In der Badewanne sitzen Menschen, die Karten spielen (17 = Kartenspiel). Das ganze Schauspiel findet in der prallen Sonne statt. Daher kommt auch der kräftige Schatten (englisch »shadow«). Für das Baujahr spielt hier die Reihenfolge keine Rolle, weil es das Jahr 9117 nicht gibt. Daher muss es zwangsläufig 1791 sein. Sie sehen schon, dass die linke Gehirnhälfte für die Logik durchaus immer »Gewehr bei Fuß« stehen muss.

Wenn Kinder in der 6. Klasse die Major-Liste lernen würden, wären die 50 wichtigsten Geschichtszahlen in kürzester Zeit drin im Kopf. Und diese merkwürdigen Geschichten bringen den meisten Kindern sogar noch Spaß. Ich habe die Hoffnung nicht aufgegeben, dass ich es noch erlebe, dass diese Technik im Lernplan enthalten ist und die Kinder geschichtliche Daten nicht mehr als Stress und Belastung empfinden. Meine Vision ist es, dass Kinder in den letzten 15 Minuten vor dem Wochenende sagen: »Herr Lehrer, bitte noch schnell 20 Geschichtszahlen!« Ich denke heute tatsächlich so. Ich bin scharf darauf, etwas auswendig zu lernen. Und glauben Sie mir, ich bin beileibe nie ein Streber gewesen. Um das reine Büffeln habe ich mich immer herumgedrückt. Das können meine Schulkollegen bestätigen. Die mündliche Beteiligung war meine Stärke, nicht das Lernen.

Wörterlauf

In dieser Disziplin muss man sich Worte in der richtigen Reihenfolge merken. 80 % sind gegenständliche Worte (Orgelpfeife, Löwe, Geburtstagstorte …), 10 % sind Verben (schwimmen, glauben, zuziehen …) und 10 % sind nicht gegenständliche Begriffe (Optimismus, Einfältigkeit, Mittel …). Die Worte legt man dann in Form eines Bildes auf die Routenpunkte ab. Das ist bei »Löwe« nicht schwer. Das Wort »Einfältigkeit« bedarf einer Übersetzung in ein Bild. Vielleicht »fallen die Hunnen« in meinen Routenpunkt »ein«. Diese Disziplin erzieht zu großer Exaktheit. Wer sich »Kirschen« anstatt »Kirsche« gemerkt hat, bekommt zehn Strafpunkte (zehn richtige Begriffe werden gestrichen). Ein Rechtschreibfehler wird nicht so hart bestraft. Wer »Lazaret« anstatt »Lazarett« geschrieben hat, bekommt lediglich das falsche Wort abgezogen.

Binärzahlen

Diese Disziplin ist fast identisch mit den Zahlen, nur dass die Binärzahlen in Hexadezimalzahlen umgebaut werden müssen.

Zur Erinnerung:

2^2	2^1	2^0	Zahl	Bild
4 (Viererspalte)	2 (Zweierspalte)	1 (Einerspalte)		
1	1	1	= 7	Zwerg
1	1	0	= 6	Würfel
1	0	1	= 5	Hand
1	0	0	= 4	Auto
0	1	1	= 3	Dreirad
0	1	0	= 2	Fahrrad
0	0	1	= 1	Baum
0	0	0	= 0	Ei

So wird die Binärzahlenreihe 111 011 001 000 110 101 110 100 101 111 zu 7 3 1 0 6 5 6 4 5 7 für Anfänger, also Zwerg, Dreirad, Baum, Ei, Würfel usw., für Fortgeschrittene 73 10 65 64 57 nach Major Kamm, Bibel, Schal, Schar, Lack.

Natürlich braucht das kein Mensch! Nur beeindruckend ist es schon, wenn man das System nicht kennt. An dieser Stelle ziehen auf Gedächtnismeisterschaften die Fernsehsender mit ihren Kameras dann meistens ab, wenn 25 erwachsene Menschen auf ein Blatt Papier mit 5000 Einsen und Nullen starren. Nach 30 Minuten wird gestoppt und jeder erhält ein leeres Blatt, und dieses wird auch wieder mit Einsen und Nullen vollgeschrieben. Für die Medien ist das nicht gerade eine attraktive Disziplin.

Namen und Gesichter

Diese Disziplin ist die »normalste« von allen. Die Gedächtnissportler bekommen 100 Gesichter als Farbfotos mit den dazugehörigen Vor- und Nachnamen, ausgedruckt auf vier DIN-A3-Blättern. Die Namen zu den Gesichtern muss man sich einprägen. Dabei versucht man eine Verknüpfung zwischen dem Namen (Frau Lange) und dem Gesicht herzustellen (hat lange, glatte Haare). Die Vornamen sind selten bildhaft. Aus diesem Grund haben viele Gedächtnissportler für die häufigsten Vornamen fertige Bilder im Kopf gespeichert. Nadine ist zum Beispiel die Nadel und die Nadine auf dem Foto hat auffällige Ohrringe, also passt das. Alles funktioniert genau wie im richtigen Leben und wie im Kapitel über das Namensgedächtnis beschrieben. Im Gedächtnissport ist festzustellen, dass für diese Disziplin eine gewisse Begabung sehr viel wichtiger ist als bei vielen anderen Disziplinen. Als absoluter Anfänger kann man sein Ergebnis in dieser Disziplin mit einem halben Jahr Training und der richtigen Technik mit Glück verdoppeln, mehr ist nicht drin. Als absoluter Anfänger im Zahlensprint kann man das Ergebnis in einem halben Jahr bestimmt vervierfachen.

Abstract Images

Cornelia Beddies – Gedächtnissportler kennen sie – prägte die deutsche Übersetzung dieser Disziplin: Flecken merken. Diese Disziplin ist relativ neu und eingeführt worden, weil die Wettbewerbe immer internationaler werden. Die Disziplin »Text« wurde durch »Abstract Images« ersetzt. Im Chinesischen gibt zum Teil ein Schriftzeichen einen kompletten deutschen oder englischen Satz wieder. Anders herum besteht zum Beispiel das Wort »Ass« in der chinesischen Übersetzung aus fünf Schriftzeichen. Das ergab zum Teil unbeabsichtigte Wettbewerbsverzerrungen. Aus diesem Grund haben sich Tony Buzan und sein Team des World Memory Sports Council Folgendes ausgedacht: Ein Computer berechnet eine zufällige Form mit zufälligen Farben (Graustufen) und zufälligem Muster. Dabei kombiniert der Computer aus zig Millionen Formen, Farben und Graustufen ein kleines Bild, das aussieht wie ein Tintenfleck. Von diesen »Tintenflecken« sind fünf nebeneinander in einer Zeile. Das Merkblatt besteht aus 50 Zeilen.

Das Wiedergabeblatt besteht ebenfalls aus 50 Zeilen. In jeder Zeile sind die gleichen Flecken, aber in anderer Reihenfolge, abgedruckt.

Die meisten Teilnehmer sehen sich den Fleck an und machen ein Bild daraus. Genau wie früher als Kind bei den Tintenflecken. Der erste Fleck sieht aus wie ein Vogel, also wird »Vogel« auf Platz 1 abgelegt. Dann kommt ein Fleck, der wie ein Dieb aussieht. »Dieb« also auf Platz 2 usw. Auf dem Wiedergabeblatt erkennt man dann hoffentlich den ersten Fleck als Dieb. Darunter muss man dann die 2 schreiben, weil auf dem Einprägeblatt »Dieb« auf Position 2 war. Diese Disziplin hat zwar keinen direkt nachvollziehbaren Nutzen im Alltag, macht mir persönlich aber sehr viel Spaß.

Spielkartensprint und Spielkartenmarathon

Der Kartensprint ist die Königsdisziplin im Gedächtnissport. Hier muss man sich einen gemischten Kartenstapel merken. Das sind 52 Karten, wie man sie für Rommé (ohne Joker) oder für Poker braucht. Die Einprägezeit beträgt fünf Minuten, wobei bei den Erwachsenen die Mehrzahl unter fünf Minuten bleibt. In diesem Fall stoppt ein Schiedsrichter die Zeit. Die fünf Minuten müssen dann erst ablaufen, und dann hat man ebenfalls fünf Minuten Zeit, einen sortierten Kartenstapel (Karo-2, Karo-3, Karo-4 usw.) in die gleiche Reihenfolge zu bringen wie den gemischten. Dann werden beide Kartenstapel verglichen. Der Weltrekord von unter 27 Sekunden ist dabei eine unglaubliche Zeit. Bei dieser Disziplin gibt es zwei Durchgänge und es ist die letzte Disziplin im Zehnkampf. Die Technik ist genauso wie bei den Zahlen oder Binärzahlen. Die Spielkarten werden in Bilder übersetzt und auf Plätzen abgelegt. Ist die erste Karte die Karo-4, stelle ich mir auf Platz 1 eine große weiße Stretchlimousine vor. Alle Karos haben in meinem System etwas mit der Farbe Weiß zu tun. Karo-2 ist der Schwan, Karo 4-die weiße Limousine, Karo-8 ist der Schlitten, Karo-König der Schneemann usw. Alle 13 Kreuz-Karten sind Bilder mit kirchlichem Hintergrund. Kreuz-10 ist die Bibel, Kreuz-Bube der Mönch und das Kreuz-Ass ist ein Holzkreuz.

Im Kartenmarathon muss man sich bei den Weltmeisterschaften in einer Stunde möglichst viele Kartenspiele merken. Im Unterschied zum Kartensprint wird die Reihenfolge nach der Merkphase aufgeschrieben.

Gedächtnisgroßmeister

Erreicht man bei den Weltmeisterschaften in drei Disziplinen eine bestimmte Leistung, so darf man den Titel »Gedächtnisgroßmeister« führen. Die Kriterien für den Titel sind:

- Kartensprint in unter zwei Minuten
- 1000 Zahlen in einer Stunde
- 10 Kartenstapel in einer Stunde

Dabei ist der Kartensprint die kleinste Hürde. Die langen Disziplinen sind da schon schwerer. Ich habe bei den letzten Weltmeisterschaften den Level in den Kartendisziplinen erreicht. Nur bei dem Zahlenmarathon war ich noch weit weg. Mein Ziel für die WM 2008 in Bahrain ist der Titel des Gedächtnisgroßmeisters.

Wer kann bei Gedächtnismeisterschaften mitmachen?

In Deutschland sind die »unterste Stufe« die Norddeutschen (neun Bundesländer) und die Süddeutschen (sieben Bundesländer, B, BW, SL, H, RP, T, S) Meisterschaften. Diese werden von MemoryXL, einem gemeinnützigen eingetragenen Verein, durchgeführt. Auf drei Wegen kann man sich für diese Meisterschaften qualifizieren:

1. durch einen öffentlichen Auftritt mit besonderen Gedächtnisleistungen (z. B. bei »Wetten dass«)
2. durch Platz 1 bis 3 auf den Landesmeisterschaften (die aber nur in NRW und Berlin stattfinden)
3. auf der Internetseite www.memoryxl.de gibt es ein Online-Trainingsmodul mit sieben Disziplinen. Wer im Schnitt Level 5 erreicht, wird automatisch zu den Meisterschaften eingeladen.

In den letzten Jahren ist es allerdings so gewesen, dass auch Teilnehmer ohne diese Qualifikationsnormen mitmachen konnten, weil es noch Platz im Teilnehmerfeld gab. Dies galt bisher auch für die Deutschen Meisterschaften und die World Memory Championships. Durch die Anreise und die Übernachtung sind die DM (zwei Tage) und die WM (drei Tage) auch eine Kostenfrage für die Teilnehmer. Die WM findet auch manchmal an etwas unüblichen und daher kostspieligen Orten (Malaysia oder Bahrain) statt. Für die WM sind ganz sicher die jeweils drei ersten aller Altersklassen auf nationaler Ebene qualifiziert. Dabei lehnen die Organisatoren den zehnten Deutschen wahrscheinlich ohnehin nicht ab, weil er oder sie viel besser ist als der mexikanische Meister. Bei den mexikanischen Meisterschaften 2005 (glaube ich) mit über 60 Teilnehmern hat die Siegerin sich 42 Spielkarten in 5 Minuten eingeprägt. Stephanie Bünter schaffte mit 15 Jahren alle 52 Karten eines Kartenspieles in 60 Sekunden! Der Level in Deutschland ist schon extrem hoch. Als Siebenter bei den Deutschen Meisterschaften 2007 wurde ich 14. bei den Weltmeisterschaften und bin auf Platz 42 der Weltrangliste. Unter den Top 100 der Welt sind 33 Deutsche, unter den Top Ten alleine sechs. Zum Vergleich: Auf der Tennis-Weltrangliste sind sieben Deutsche unter den ersten hundert, vier Männer und drei Frauen.

Der Nutzen des Gedächtnissports für Schüler

Wenn ich als Schüler schon Gedächtnissport betrieben hätte, hätte ich mein Abitur sicherlich eine Notenstufe besser bestanden. Dazu muss man wissen, dass ich ein eher durchschnittlicher Schüler war, der seine Noten immer nur durch die mündliche Beteiligung wettgemacht hat. Gelernt habe ich nie viel. Da habe ich lieber im Stall geholfen oder mich anders beschäftigt. Meine Eltern haben niemals mit mir Hausaufgaben gemacht, geschweige denn, diese kontrolliert. Ich tat zu Hause nur das Nötigste für die Schule. Wenn ich aber nun schon mal da war, also in der Schule, dann habe ich auch aufgepasst und mitgemacht. Weshalb ich das alles erzähle? Nach meiner Erfahrung profitieren Einserkandidaten nicht so vom Gedächtnistraining wie schlechtere Schüler. Wenn man Stephanie (sie ist Gedächtnisweltmeisterin der Kinder 2005) fragt, ob sie das Gedächtnistraining in der Schule anwendet, sagt sie eigentlich nur mir zuliebe: »Ja, manchmal schon!« Stephanie hat zwar nicht nur Einsen, ist aber schon eine der besten Schülerinnen in der Klasse. Sie hat auch ohne den Gedächtnissport kein Problem beim Lernen der Vokabeln.

Ganz oben im Ranking des Gedächtnissports (Stephanie war mit 12 Jahren bereits auf Platz 121 der Weltrangliste, in der nicht zwischen Kindern und Erwachsenen unterschieden wird.) sind logischerweise nur Kinder, die gut in der Schule sind. Kinder, die Probleme in der Schule haben, sind alleine schon deshalb nicht auf den Gedächtnisweltmeisterschaften zu finden, weil es neben viel Geld auch viel Zeit kostet. So fehlte Stephanie mit ihren 12 Jahren drei Tage in der Schule, um in Oxford bei den Weltmeisterschaften an den Start gehen zu können.

Leider beginnen viele Interviews mit den Eltern der kleinen Gedächtnissportler mit der Frage: »Wann haben Sie gemerkt, dass Ihr Kind hochbegabt ist?« Es gibt Eltern, die es toll finden, wenn jedermann aus den Medien weiß, dass ihr Kind hochbegabt ist. Das hört sich gut an. Vielleicht sind es auch tatsächlich einige der Kinder. Die meisten sehr erfolgreichen Kinder, die ich von den Meisterschaften kenne, und dazu gehört zum Glück auch Stephanie, sind vor allem eines: ganz normale Kinder. Mit Sicherheit ist Stephanie intelligent, aber vor allem ist sie zielstrebig, kann mit Stress umgehen, hat einen gewissen sportlichen Ehrgeiz und sie kann sich sehr gut konzentrieren. Um Gedächtnissport zu betreiben, muss man nicht hochbegabt sein! Manchmal habe ich den Eindruck, dass ein Großteil der Bevölkerung das denkt. Das ist deshalb sehr schade, weil gerade Kinder, die eher im Mittelfeld oder schlechter in der Schule sind, besonders vom Gedächtnissport profitieren. Auf drei Arten profitieren Kinder von den Techniken des Gedächtnistrainings:

Als Erstes lernen sie eine Technik kennen, mit der man sich Vokabeln oder Geschichtszahlen besser merken kann. Dies lässt sich in der Schule dann auch auf geschichtliche Abläufe, Fachbegriffe und alles, was man landläufig als »büffeln« bezeichnet, ausdehnen. Und das Beste ist: Diese Technik bringt sogar Spaß.

Als Zweites wird die Konzentrationsfähigkeit trainiert. Für fünf oder zehn Minuten müssen sich die Schüler extrem konzentrieren. Dazu werden mit Kopfhörern Nebengeräusche so weit wie möglich ausgeblendet. Durch die kurze Konzentrationszeit merkt jeder Gedächtnissportler sofort, dass eine auch noch so kurze Unkonzentriertheit gleich erhebliche Punkteinbußen zur Folge hat. Die Einprägephasen sind bei den Disziplinen der Erwachsenen länger als bei Kindern und Jugendlichen. Die Konzentration länger aufrechtzuerhalten ist zwar schwierig, aber eine kleine Auszeit ist verzeihlich. Stellen Sie sich vor, ein 400-Meter-Läufer würde zwischendurch eine Gehpause von zehn Sekunden machen. Ein Marathonläufer, der zehn Sekunden geht, kann trotzdem noch eine Spitzenzeit erreichen.

Der dritte Vorteil ist, dass Flüchtigkeitsfehler ganz streng bestraft werden. Dadurch werden sie in der Schule natürlich auch weniger. Im Erwachsenenleben kann man sie sich dann eh nicht mehr leisten, zum Beispiel als Pilot oder Arzt. Im Zahlensprint ist es beispielsweise so, dass 20 Ziffern in einer Zeile stehen. Wer sich alle 20 Ziffern in der richtigen Reihenfolge gemerkt hat, bekommt 20 Punkte. Wer sich einen Fehler erlaubt hat, also immerhin noch 19 Richtige hat, bekommt 50 % Punktabzug, also hat dann nur noch 10 der 20 möglichen Punkte. Wer 2 von 20 falsch hat, bekommt 0 Punkte, obwohl 18 Zahlen richtig memoriert wurden. Die Kinder, und natürlich auch die Erwachsenen, trainieren also, möglichst schnell zu sein und sich gleichzeitig noch zu 100 % sicher zu sein.

Kinder lernen:

- sich fünf bis zu 60 Minuten (bei den Weltmeisterschaften) zu konzentrieren
- Flüchtigkeitsfehler zu vermeiden
- dass Trainingsfleiß sich auszahlt (auch bei Kindern, die in der Schule ohne Aufwand die Besten sind)
- Techniken, mit denen man sich Vokabeln, Texte, Geschichtszahlen und Daten merken kann
- dass man schnell »nach oben« kommen kann, wenn man konsequent nach Plan trainiert. Wer hat schon die Möglichkeit, an Weltmeisterschaften teilzunehmen? In den meisten Sportarten

ist der Weg dahin sehr weit. Zurzeit sind die Qualifikationsnormen noch sehr human. Das wird sich in fünf Jahren wohl ändern, wenn der Gedächtnissport bekannter geworden ist.

Wie kam ich zum Laufen?

Ich habe mir sehr oft die Frage gestellt, aus welchem Grund ich zum Läufer geworden bin. Eigentlich habe ich mir immer gesagt, dass es die rein logischen Gründe waren, die mich dazu brachten: Man bekommt keine Erkältung mehr, braucht weniger Schlaf, hat bessere Blutwerte und mehr Zeit und Geld. Als Pille in der Apotheke erhältlich, würde ich dafür durchaus 100,- Euro im Monat bezahlen. Nur reicht erfahrungsgemäß diese Motivation für viele Menschen nicht aus. Warum also bei mir? Es war erst 2006, als es mir plötzlich in einem Gespräch über meine ersten Lauferfahrungen bewusst wurde. Eine Entscheidung zu treffen, dauert nur eine Sekunde. Und wann diese Sekunde war, weiß ich heute. Kurz zur Vorgeschichte: Mit 16 Jahren haben wir mit zehn Jugendlichen in Thistedt in Dänemark gezeltet. An einem Nachmittag sagte Stefan Feddersen-Clausen: »Ich gehe eine Runde laufen. Will jemand mit?« Dazu muss man wissen, dass Stefan ein sehr guter Sportler war – und vielleicht noch ist. Ich habe ihn nach dem Abitur aus den Augen verloren. Er spielte damals in der Landesauswahl Fußball und war folglich konditionell und auch sonst topfit. Ich sagte: »Ich komme mit.« Und fragte mich so bei mir, wie weit ich wohl Schritt halten würde. Stefan lief aber wider Erwarten langsam, weil er diese Art von Laufen aus dem Fußballtraining kannte. Aus meiner Schulzeit kannte ich nur »Einlaufen«, was man als Schüler möglichst vermied, und »Vollgas«. Da hieß es dann 1500 Meter laufen auf Zeit, eventuell sogar noch für eine Zensur. 30 Minuten mit drei Viertel Drehzahl, das hatte ich in meiner Schulzeit niemals gemacht. Lange Rede, kurzer Sinn: Ich konnte die fünf Kilometer mit Stefan mithalten.
    Dann lief ich in den folgenden zwei Jahren ab und zu, ohne ein spezielles Ziel zu haben. Nach dem Abitur machte ich dann mit meinem alten Diesel eine Tour durch Deutschland. Ich fuhr durch den Westerwald und

sah ein Plakat: »Heute Volkslauf 10 oder 20 km«. Ich dachte: Das ist die Gelegenheit. Hier kennt dich kein Mensch, das probierst du mal aus.

Nun muss man wissen, dass es mitten im Sommer war. 30 °C kannte ich aus Nordfriesland nicht. Die Hügel im Westerwald waren für mich ebenso ungewohnt wie die absolute Windstille bei 30 °C. Ich hatte mich auch nur für die 10-km-Strecke angemeldet. Nach 55 Minuten war ich fix und fertig im Ziel angekommen. Ich saß auf einer Festzeltbank direkt neben dem Zieleinlauf und erholte mich erst einmal. Nach 40 Minuten saß ich da noch immer und mein Puls hatte noch immer nicht den Normalwert erreicht. Da kam ein Mann im Ziel an. Er war die 20 Kilometer gelaufen, in einer Zeit von 1 Stunde und 37 Minuten, wie gesagt bei 30 °C. Er setzte sich zu mir auf die Bank, sah nach fünf Minuten schon wieder erholt aus. Wir redeten miteinander. Dieser Mann war 75 Jahre alt!

Das hat, glaube ich, in meinem Unterbewusstsein etwas ausgelöst. Dieser Mann steckte mich mit meinen 19 Jahren locker in die Tasche. Er war doppelt so fit wie ich. Dazu muss man wissen, dass ich damals kein Gramm Fett am Körper hatte. Ich arbeitete neben der Schule in der Landwirtschaft, konnte 130 Liegestütze am Stück und fühlte mich wirklich fit. Ich glaube, in dieser Sekunde hatte ich beschlossen: Das willst du auch! In dem Alter noch so fit zu sein, fand ich einfach geil. Und das Laufen schien mir geeignet, diese Fitness herzustellen. Das hatte mir dieser »alte« Mann ja eindrucksvoll unter die Nase gerieben. Als Fußballer spielt Stefan ja schon ab 32 bei den »Altherren« und irgendwann wird es wegen der Verletzungsgefahr sicherlich auch gefährlich. Auf jeden Fall hier noch einmal mit großer Verspätung: Danke, Stefan, für deine Starthilfe bei meinen ersten Laufversuchen. Danke, unbekannter Westerwälder. Sie müssen heute 97 Jahre alt sein.

Zum Glück hatte ich dieses Erlebnis so früh. So habe ich die Entscheidung für das Laufen bereits getroffen, als ich 19 Jahre alt war. Da war ich noch topfit und gesund. Wenn Menschen sich mit 42 Jahren entscheiden, für den Rest ihres Lebens Läufer zu sein, kann es bereits zu Schädigungen durch die fehlende Bewegung gekommen sein. Dann ist es in einigen Fällen aus medizinischen Gründen nicht mehr möglich, zum Läufer zu werden.

Warum Laufen?

»Weil es den Säbelzahntiger nicht mehr gibt!« So habe ich in meinem ersten Buch versucht zu beschreiben, warum man sich auf das Laufen zurückbesinnen sollte. Leider hat die Evolution sich noch nicht auf die Dienstleistungsgesellschaft eingestellt. Wir Menschen sind definitiv nicht für das Büro entwickelt worden. Überlegen Sie einmal, wie lange es die Menschheit schon gibt und wie lange es die Dienstleistungsgesellschaft gibt. 70 % der Menschen in Deutschland verdienen ihren Lebensunterhalt überwiegend im Sitzen. Die Evolution hat sich schlichtweg noch nicht auf den Büroalltag eingestellt. Wir sind für Bewegung geboren, denn von den Erbanlagen her leben wir noch immer in der Höhle. Der Mensch ist ein Jäger und Sammler, was man übrigens in vielen Büros heute noch sieht. Viele Dinge in unserem Körper und auch in unserem Kopf sind auf das Höhlendasein ausgerichtet. Würden wir alle noch in der Höhle wohnen, hätten die meisten Menschen ein perfekt an das Umfeld angepasstes Verhalten. Ein Indiz dafür sind heute noch kleine Kinder. Sie machen natürlicherweise noch vieles richtig:

- Säuglinge mögen noch kein gewürztes Essen.
- Ein Kleinkind beugt die Knie, wenn es sein Bobbycar anhebt, nicht den Rücken.
- Kinder gehen nicht zur Schaukel, nein, sie rennen.

Jeder Leser im Alter von über 45 Jahren ist schon mal Läufer gewesen. Nämlich im Alter von vier Jahren. Damals sind Sie jeden Tag zehn Kilometer gerannt. Jeden Tag! Wenn man einem Kind im Alter von vier Jahren einen Schrittzähler an die Hose heftet und auf 20 cm Schrittlänge einstellt, sind am Abend 10 Kilometer auf der Uhr. Aber nur an einem freien Tag am Strand. In der Zweizimmerwohnung eher weniger. Aber auch hier ist die (natürliche) Bewegungsform das Rennen. Gehen ist für Kinder wider die Natur.

Jüngere Leser hatten wahrscheinlich das Pech (nur in Bezug auf die Bewegung gemeint!), in einem Kinderhort oder Kindergarten »eingesperrt« worden zu sein. An einem Kindergartentag oder Schultag hat ein Kind nun mal nicht so viel Bewegung wie bei zehn Stunden in freier Natur. Das ist überhaupt nicht als Kritik gemeint. Heute müssen Kinder ja auch auf ganz andere Dinge vorbereitet werden als in der Höhlenzeit.

Ich bin 1966 geboren worden und war nicht im Kindergarten. Auf dem Bauernhof sind wir Kinder morgens rausgelassen worden und abends wurden wir quasi wieder eingefangen. Gefahren haben wir als Kleinkinder bereits einschätzen können, weil ich mit zwei Jahren vom Laufgitter aus beobachten konnte, wie meine Mutter beim Melken mit den Kühen umging. Wenn heute Stadtkinder Urlaub auf dem Bauernhof machen, würden sie sich unbeobachtet wahrscheinlich mindestens fünfmal am Tag in Lebensgefahr begeben. Und der kleine Jürgen in der Großstadt natürlich auch. Fernsehen gab es damals nicht. Die drei TV-Stationen sendeten von 17 Uhr bis 24 Uhr, für den Rest der Zeit war das Testbild zu sehen. Meine Eltern hätten auch gar kein Geld für einen Fernseher im Kinderzimmer gehabt. Da es die Konkurrenz durch TV oder Playstation nicht gab, mussten wir auf Bäume klettern. Jeder Junge konnte sich damals im Alter von acht Jahren an einem Arm an einem Ast hochziehen. Im Schwimmbad war so gut wie nie eine Wampe bei Kindern bis 14 Jahren zu sehen. Heute haben leider sehr viele Jungen mit zehn Jahren bereits einen kleinen Speckring. Dafür hatten wir wahrscheinlich die Reaktionszeit eines Dinosauriers im Vergleich zu den X-Box-erprobten Kids heutzutage.

Das Ende vom Lied ist das Volksleiden »Übergewicht durch Bewegungsmangel«. Natürlich auch durch zu fettes Essen, aber das fettige Essen wäre für Höhlenmenschen nicht so schlimm, weil sie sich viel bewegen und irgendwann wieder eine Hungersnot kommt. Auf die Hungersnot warten die vielen Fettreserven der Menschen in Deutschland wohl vergebens. Das Fett auf den Hüften ist dabei noch nicht mal das Gefährlichste. Das tödliche Fett ist das in den Adern. Dieses Fett führt zu Ablagerungen in den Adern bis hin zum Verstopfen der Adern. Das nennt man dann Herz-Kreislauf-Erkrankungen. Daran sterben in Deutschland fast 50 % der Menschen.

Aber ich bin Ihnen noch die Säbelzahntiger-Erklärung schuldig: Das Problem Herzinfarkt hätten wir nahezu nicht, wenn es den Säbelzahntiger noch gäbe. Einen großen Anteil an den Herz-Kreislauf-Erkrankungen hat nämlich das Adrenalin. Früher gab es auch schon das Adrenalin, aber es stellte kein Problem in unseren Adern da. Angenommen, ich würde zur Zeit des Säbelzahntigers als Jäger und Sammler leben. Dann hätte ich keinen Stress am Telefon oder mit nervigen Kunden, sondern ich hätte Stress, wenn ich den Säbelzahntiger um die Ecke kommen sehe. Stress heißt: Adrenalin ins Blut. In der Steinzeit genauso wie heute. Das Adrenalin ist dazu da, um die Leistung meiner Muskeln zu erhöhen. Das brauche ich, um vor dem Tiger auf den nächsten Baum fliehen zu können. Außerdem reduziert Adrenalin das Schmerzempfinden ganz erheblich. Das ist wichtig, falls es doch zum Kampf Mann gegen Tiger kommt. Genauso reagiert der Körper heute auch auf Stress: Power für die Muskeln, Denken und Schmerzempfinden einschränken. Früher wie heute sind Adrenalinmoleküle messerscharfe Kristalle, die die Adern von innen verletzen und an den Aderwänden anhaften. Da die Natur weiß, dass saubere Adern besser sind als durch Adrenalin verunreinigte, hat sie es so eingerichtet, dass bei meinem Spurt auf den Baum, um dem Tiger zu entkommen, das Adrenalin wieder abgebaut wird. Wenn ich also von der Flucht erschöpft auf dem Baum sitze, sind meine Adern schon wieder sauber. Wenn meine Adern heute vom Adrenalin verletzt und verunreinigt werden, fehlt aber der 400-Meter-Spurt auf den nächsten Baum. Die Adern bleiben vom Adrenalin belastet. Dann kommt das fettige Essen hinterher und kann schön an den Adrenalinmolekülen und den kleinen Verletzungen der Adern anhaften. Nach der gelungenen Flucht vor dem Säbelzahntiger hätte ich so viel Pommes rot-weiß essen können, wie ich will. Das Fett könnte sich in meinen glatten und sauberen Adern gar nicht halten.

Befreien Sie täglich Ihre Adern vom Adrenalin, so ist das Fett schon nicht mehr ganz so schädlich. Wie macht man das? Durch Laufen natürlich. Für den Abbau des Adrenalins braucht man keinen speziellen Pulsbereich. Man muss sich nur abreagieren. Da hilft auch Tennis spielen oder ein 400-Meter-Lauf. Fußball vor dem Fernseher hilft leider nicht. Durch den Stress bedingt haben wir viel Adrenalin, es verletzt die Adern, das fettige Essen hinterher und dann sind die Adern zugekleistert. Wenn eine Ader ganz verstopft, führt das dann zu einem Herzinfarkt – oder Schlaganfall, wenn es im Gehirn passiert. Durch Sport im richtigen Pulsbereich kann man die Adern wieder von Ablagerungen befreien beziehungsweise die Ablagerungen zumindest reduzieren.

Und was haben Sie davon, wenn Sie regelmäßig Sport treiben? Es gibt Hunderte von Vorteilen, wenn man regelmäßigen Sport in das Leben integriert. Ich reduziere sie hier auf die meines Erachtens wichtigsten fünf:

- keine Erkältung mehr, ab sofort
- nach 14 Tagen weniger Schlafbedürfnis
- nach vier bis sechs Wochen bessere Blutwerte
- nach drei Monaten mehr Zeit
- nach einem Jahr mehr Geld

Und was ist der Preis dafür? Nur fünfmal 30 Minuten laufen. Nicht im Jahr, sondern in einer Woche. Jede Woche! Das ist eine Investition von 2,5 Stunden wöchentlich.

In der folgenden Abbildung sind das Risiko, die Vorteile und die Maßnahme noch einmal zusammengefasst. Die medizinischen Fakten vereinfache ich stark. Ein Chefarzt hat einmal zu mir gesagt: »80 % Wahrheit reicht, wenn es dem Verständnis förderlich ist und eine Verhaltensänderung bewirkt.«

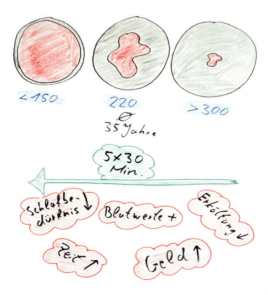

Abb. 6

Ganz oben in der Abbildung 6 sehen Sie drei Halsschlagadern. Die linke ist die Ader eines kleinen Kindes mit drei Jahren. Die Ader ist frei, so sind wir alle einmal geboren worden (angeborene Fehler ausgeklammert). Dann fangen wir an, die Adern zuzumüllen. Mit 35 Jahren hat ein durchschnittlicher Mensch in Deutschland bereits die Hälfte der Durchlässigkeit seiner Halsschlagader eingebüßt. Die Ader sieht nicht überall so »dicht« aus. Aber die dünnste Stelle bestimmt die Gesamtdurchlässigkeit. Genau wie das schwächste Glied die Stärke der Kette bestimmt. Dann geht es aber noch weiter und das Resultat kann die rechte Halsschlagader der Abbildung sein. Diese ist zu 90 % zu. Hier ist die Gefahr groß, dass ein Stück der »verkalkten« Aderwand oder ein kleines Blutgerinnsel die Ader ganz verstopft. Die Folge kann ein Herzinfarkt oder ein Schlaganfall sein. Alle Herz-Kreislauf-Erkrankungen zusammengenommen sind für 50 % der Todesfälle in Deutschland verantwortlich. Übrigens ist das Fett auf den Rippen kein sicherer Indikator dafür, wie es in den Adern aussieht. Es gibt durchaus Menschen, die spindeldürr sind und einen Herzinfarkt bekommen. Genauso gibt es Menschen mit dickem Bauch und sauberen Adern. Ein Arzt kann den Verschlussgrad der Halsschlagader mit Ultraschall messen. Aber Achtung, fragen Sie, ob »alles o.k.« bedeutet, dass Sie deutscher Durchschnitt sind. Manchmal heißt es das. Ich wäre damit nicht zufrieden. Der Verschluss der Adern ist doppelt so häufig Todesursache wie alle Krebserkrankungen zusammengenommen. Vor 60 Jahren starb jeder Siebte an Herz-Kreislauf-Erkrankungen, heute ist es jeder Zweite. Dieser Trend ist übrigens aufgehalten. Seit einigen Jahren steigt die Quote nicht mehr an, denn der Fitnesstrend hat ganz Deutschland erfasst. Heute gehören joggende oder walkende 60-jährige Menschen mit 20 Kilogramm Übergewicht zum Stadtbild. Vor 20 Jahren hat man mit dem Finger auf so jemanden gezeigt. Es hat sich durchgesetzt, dass auch Unsportliche Sport machen »dürfen«. Das ist eine tolle Entwicklung. Ich frage mich nur, wie es mit der Gesundheit der Deutschen weitergeht, wenn die TV/Playstation/Internet-Kinder in das Herzinfarkt-Alter kommen. Es würde mich nicht erstaunen, wenn die durchschnittliche Lebenserwartung trotz besserer Medizin in 50 Jahren niedriger ist als heute. Denn die heute 80-Jährigen haben in ihrer Kindheit noch Bewegung und kein Fast Food gehabt.

Jetzt zur Mitte der Abbildung. Dort sehen Sie, wie man aus der rechten Ader wieder die linke machen kann. Oder zumindest den Trend des »Zufettens« umkehren kann, so dass die Adern stetig etwas sauberer werden. Der Preis dafür steht in der Mitte, es gibt leider im Leben wenig zum Nulltarif: fünfmal 30 Minuten laufen in der Woche. Das sind 2,5 Stunden Zeitinvestition. Netto wie brutto, denn die Rüstzeit ist bei kaum einer anderen Sportart so niedrig wie beim Laufen. Sie ziehen die Schuhe an und schon kann es losgehen. Sie müssen nicht ins Auto steigen, um irgendwo hinzufahren und nach Öffnungszeiten müssen Sie sich auch nicht richten. Selbst auf das Aufbrezeln kann man verzichten, weil man ohnehin anschließend verschwitzt ist und unter die Dusche muss. Ich persönlich richte mein Laufen so ein, dass ich Duschen und Laufen fast immer zusammenlege, so dass keine zusätzliche Rüstzeit für das Duschen entsteht, weil ich es auch ohne Laufen getan hätte.

Bei anderen Sportarten stehen unter »Preis« übrigens andere Zahlen. Fünfmal wöchentlich ist für andere Ausdauersportarten ebenfalls erforderlich, aber es gibt effektivere und uneffektivere Sportarten als Laufen. Egal, welche Ausdauersportart man wählt, um die Fettverbrennung anzukurbeln, muss es leider fünfmal in der Woche sein. Nur der Zeitaufwand pro Sporteinheit ist unterschiedlich. Der Einfachheit halber spreche ich immer vom Laufen. Zu anderen Sportarten gibt es ein extra Kapitel.

Doch jetzt zum schönsten Teil, den positiven Effekten des Laufens, die in der Abbildung ganz unten stehen.

Keine Erkältung

Als Erstes werden Sie merken, dass Sie keine Erkältung mehr bekommen, wenn Sie regelmäßig 30 Minuten laufen. Warum ist das so? Weil man beim Laufen eine Körpertemperatur von 39 Grad hat. Das sagt zumindest mein Tierarzt, Dr. Thomas Montag. Der Körper nimmt sich eine halbe Stunde Fieber, und das haben die Bakterien gar nicht gerne. Den gleichen Effekt hat übrigens die Sauna. Dieses künstliche Fieber muss man allerdings nach meiner Erfahrung innerhalb von 12 bis 24 Stunden nach der Infektion erzeugen. Wenn ich im Winter durchgefroren und nass als Zuschauer vom Fußballplatz komme und im Büro gerade eine Erkältungswelle grassiert, dann darf ich nicht gerade heute meinen lauffreien Tag nehmen. Dann sollten Sie dem Körper spätestens am nächsten Morgen die 30 Minuten Laufen gönnen, damit die Bakterien aus dem Büro, die auf dem Fußballplatz in der Kälte Morgenluft gewittert haben, einen auf die Mütze bekommen. Ehrlich gesagt ist auch die psychologische Komponente nicht zu unterschätzen. Stellen Sie sich vor, die eben beschriebene Situation geschieht im trüben November. Für den Morgen habe ich das Laufen eingeplant. Um 5 Uhr klingelt der Wecker und es ist dunkel, regnerisch, der Wind fegt mit Windstärke 7. Und ich tue es tatsächlich. Der Partner sagt vielleicht noch schlaftrunken: »Jetzt laufen? Du spinnst!« Die ersten fünf Minuten draußen sind eklig, aber dann bin ich warm und stolz. Unglaublich stolz! Anschließend eine heiße Dusche und motiviert geht es ins Büro. Da sind sie dann alle, die Schniefnasen. Und keiner kann mir mit seinen Bakterien etwas anhaben. Das ist ein schönes Gefühl und die feste Überzeugung, etwas Gutes für meinen Körper getan zu haben, verhindert die Erkältung. Ich bin bereits einmal um Mitternacht gelaufen, weil ich mir eine Erkältung in den nächsten Tagen nicht leisten konnte und wollte.

Übrigens ist der Effekt bei Hochleistungssportlern genau anders herum. Marathonläufer sind kurz nach dem Marathon sehr erkältungsanfällig. Auch in harten Trainingsphasen, wenn das Training Quälerei ist, bekommen einige Sportler leicht eine Erkältung. Die fünfmal 30 Minuten mit maßvoller Belastung sind keine Quälerei für den Körper, sondern Streicheleinheiten. Für diese Regel gibt es aber auch eine Ausnahme, die ich erst nach einigen Jahren Seminarerfahrung begriffen habe. Einige Male bekam ich die Rückmeldung von Seminarteilnehmern, dass sie 14 Tage nach Beginn der Laufkarriere eine sehr heftige Erkältung bekamen. Das hätte nach meiner Theorie bei regelmäßigem Laufen, und das hatten alle »Beschwerdeführer« getan, nicht passieren dürfen. Nach einigen dieser Rückmeldungen fiel mir auf, dass es fast immer Personen betraf, die lange Zeit gar keinen Sport gemacht hatten. Ein Arzt erklärte mir dieses Phänomen mit dem Entgiftungsprozess des Körpers. Der Stoffwechsel wird durch diese wesentliche Änderung erheblich angekurbelt und der Körper denkt: Was ist denn jetzt los? Der Schlafmodus hat ein Ende. Dann muss ich erst einmal ausmisten!

Entgiftungsprozesse des Körpers sind: Durchfall, Schwitzen, laufende Nase, Pickel und Übergeben. Die Gifte müssen raus aus dem Körper. Genau das ist bei den Anfängern passiert. Der Dreck wurde ausgesondert und dazu gönnte sich der Körper eine Erkältung.

Geringeres Schlafbedürfnis

Das war für mich zu Beginn meiner Karriere als Gesundheitsläufer der wichtigste Effekt. Damals hatte ich einen landwirtschaftlichen Vollerwerbsbetrieb, drei wichtige Ehrenämter, machte 30 Seminartage pro Jahr. Nicht zu vergessen meine Partnerschaft. Und meine Hobbys Tischtennis mit Punktspielbetrieb und Tanzen im Tanzklub wollte ich ebenfalls nicht vernachlässigen. Ich hatte also viel um die Ohren. Im Tagesablauf war der wichtigste Abschnitt die Mittagsstunde. In Nordfriesland ist die in der Landwirtschaft weitverbreitet und wird auch »Bauernkoma« genannt. Die Mittagsstunde war mir mehr wert als eine Stunde Nachtschlaf. Ich schlief täglich tief und fest knapp 60 Minuten von 12:30 Uhr bis 13:30 Uhr.

Seit dem 15.12.2000 laufe ich fünfmal wöchentlich. An diesem Tag hat Dr. Ulrich Strunz mir auf einem Seminar in Berlin erzählt, wie man den inneren Schweinehund überwindet und es schafft, fünfmal 30 Minuten zu laufen und nicht dreimal eine Stunde, wie es für mich eher infrage kam. Dabei ist es eigentlich logisch, die kleinen Schritte sind fast immer besser. Ich esse ja schließlich auch mehrmals am Tag ein bisschen und nicht nur dreimal die Woche sieben Kilo.

14 Tage nachdem ich meinem Körper regelmäßig die Streicheleinheiten gönnte, merkte ich, dass ich mittags nicht mehr einschlafen konnte. Ich brauchte meine Mittagsstunde nicht mehr. 14 Tage nach meiner Umstellung auf das gesunde Laufen reduzierte sich mein Schlafbedürfnis um circa 30 Minuten am Tag. Und investiert habe ich nur fünfmal die Woche 30 Minuten, also hatte ich einen rechnerischen Zeitgewinn von einer Stunde pro Woche. Den Effekt des verringerten Schlafbedürfnisses merken jüngere Menschen eher als ältere. Wer 53 Jahre alt ist und mit fünf Stunden Schlaf auskommt, kann sicherlich mit Sport nicht noch mal 30 Minuten abziehen.

Auch hier ist es bei Hochleistungssportlern umgekehrt. Diese brauchen viel Schlaf. Die Erklärung für das verringerte Schlafbedürfnis ist die geringere notwendige Erholungszeit. Im Schlaf erholt sich der Körper, aber auch das Gehirn. Wenn Körper und Gehirn fitter sind, braucht man nicht so lange, um sich zu erholen, also nicht so lange zu schlafen.

Bessere Blutwerte

Die Blutwerte sind nun wirklich objektiv. Über das Schlafbedürfnis und die Erkältungsanfälligkeit kann man ja noch diskutieren, aber das Blut lügt nicht. Wer den Nutzen des Laufens messbar machen möchte, sollte sich ganz zu Beginn des neuen Lebens als Läufer die eigenen Blutwerte besorgen. Perfekt wäre es, bei einem ärztlichen Check eine komplette Blutuntersuchung machen zu lassen. Da bekommt man ein Blatt Papier (lassen Sie es sich schriftlich geben, viele Ärzte geben nur mündlich Auskunft), auf dem bis zu 50 Blutwerte stehen. Hinter jeden Wert ist die Interpretation aufgeführt, ob der Wert prognostisch günstig, Grauzone oder prognostisch ungünstig zu bewerten ist. Sie können mit dem Blatt also auch als Laie etwas anfangen. Dazu machen Sie sich aber bitte noch klar, dass durchschnittliche »deutsche« Blutwerte mit einer Wahrscheinlichkeit von 50 % zum Tode durch Verschluss der Adern führen. Wer dieses Buch hier liest, sollte mit dem deutschen Durchschnitt nicht zufrieden sein. Übrigens bezahlt die Krankenkasse einen Blutcheck pro Jahr.

Damit haben Sie also den Status quo. Nach sechs Wochen haben sich bereits deutliche Verbesserungen ergeben, es sei denn, die Blutwerte waren vorher bereits perfekt. Sechs Wochen sind eine kurze Zeit und die Veränderungen geschehen ohne Ernährungsumstellung. Das wäre dann noch eine weitere effektive Schraube, an der man drehen könnte.

Sollte Ihnen der Aufwand zu groß sein, zum Arzt zu gehen, um die Blutwerte zu besorgen, gibt es auch noch die Kurzversion, die ich in Brainrunning-Seminaren anwende. Besorgen Sie sich Ihren Gesamtcholesterinwert. Das kostet 3,- Euro und einen kleinen Pikser in den Finger. Jede Apotheke hat diese Technik verfügbar, weil das Gerät (meistens Accucheck) auch zum Bestimmen des Zuckerwertes bei Diabetikern benutzt wird. Der Test des Gesamtcholesterins ergibt eine Zahl zwischen 150 und 300 mg / dL (in der Abbildung stehen diese Zahlen direkt unter den Adern). Die Zahl sagt zwar nicht direkt etwas über den Zustand der Adern aus, aber es ist ein Parameter, an dem man eine Veränderung der Blutwerte messbar machen kann. Gemessen wird hier der Gesamtcholesterinwert. Das ist nicht mit HDL und LDL in Zusammenhang zu sehen. HDL ist das »gute« Cholesterin. Das merkt man sich durch die Abkürzung HDL = Hab Dich Lieb. LDL ist also das schlechte Cholesterin, dieser Wert sollte möglichst niedrig sein. Bei den Werten ist auch das Verhältnis zueinander von Bedeutung. Nicht so bei dem Gesamtcholesterin. Man kommt auch nicht auf den Wert für das Gesamtcholesterin, wenn man HDL und LDL zusammenzählt. Das ist ein ganz anderer Wert.

Angenommen, Sie sind 42 Jahre alt und haben einen Gesamtcholesterinwert von 228. Dann würde ein Mediziner, der den Durchschnitt in Deutschland im Kopf hat, sagen, dass alles in Ordnung sei. In Japan bekäme man mit 228 sofort Medikamente. In Japan gilt 150 als normal. Das liegt aber sicherlich auch an der Ernährung.

Mehr Zeit

Man sollte denken, dass man 2,5 Stunden weniger in der Woche hat. Aber die positiven Effekte wiegen den Aufwand mehr als auf. Bei jüngeren Menschen gleicht das geringere Schlafbedürfnis den Aufwand aus. Das ist aber nicht das, was ich damit meine. Der Grund liegt im Zeitmanagement. Wer regelmäßig läuft, nimmt sich fünfmal in der Woche eine »stille Stunde«. Das ist ein Fachbegriff aus dem Zeitmanagement und bezeichnet eine Zeitspanne, in der kein Telefon oder Handy klingelt und keine Besucher kommen. Hier kann man im Büro die wirklich wichtigen Dinge bearbeiten. Und beim Laufen kann man die wirklich wichtigen Gedanken haben. Das geschieht übrigens nur, wenn man im richtigen Pulsbereich ist. 17 Jahre meines Lebens bin ich in einem Belastungsbereich gelaufen, der keine Gedanken außerhalb des Laufens zuließ. Ständig musste ich an meine Atmung denken, um keine Seitenstiche zu bekommen. Oder ich habe auf die Uhr geschielt und versucht, noch etwas schneller zu werden. Heute fließen die Gedanken in alle Richtungen. Wer regelmäßig läuft, schaut jeden Tag quasi »von oben« auf sein Leben. Man hat Zeit, den Tag, das Leben oder anstehende Entscheidungen zu überdenken.

Mehr Geld

Ich saß 2001 in einem Seminar des Laufpapstes Ulrich Strunz in der ersten Reihe. 600,- DM hatte ich damals für das Seminar bezahlt und ich wollte für mein Geld den optimalen Nutzen aus dem Seminar ziehen. Aus diesem Grund bekam ich große Ohren, als Strunz die Vorteile des Laufens im richtigen Pulsbereich aufzählte und sagte: »Und nach einem Jahr haben Sie mehr Geld.«

Das fand ich krass und fragte nach. »Warum hat man nach einem Jahr mehr Geld?«

Er antwortete: »Sag ich nicht. Probiere es doch aus. Bei mir stimmt es.«

Ich habe es ausprobiert und bei mir stimmte es auch. Das ist jetzt nicht die Antwort, die man als logisch denkender Mensch hören möchte, oder? Meiner Meinung nach liegt es an der Kombination vieler Dinge, die regelmäßige gesundheitliche Läufer eint:

- Sie sind konsequent.
- Sie haben ein gutes Zeitmanagement.
- Sie wissen, wie gut es tut, den Schweinehund zu überwinden.
- Sie versorgen das Gehirn täglich mit mehr Sauerstoff.
- Sie sind widerstandsfähiger.
- Sie nehmen sich fast täglich die Zeit, über sich und das Leben nachzudenken.
- Sie sind stressresistenter.

Irgendwann werden Sie dann auch unweigerlich die richtigen Entscheidungen treffen. Und richtige Entscheidungen führen zu mehr Erfolg im Leben und meistens auch zu mehr Geld.

Vielleicht sind Sie nun motiviert, es zu tun, aber es hat jemand etwas dagegen: der innere Schweinhund.

Der innere Schweinehund

An dieser Stelle kommt ein etwas längerer Ausflug in das Zeitmanagement. Denn der innere Schweinehund ist einer der zehn Zeitdiebe und Feind Nummer eins von Konsequenz und Selbstdisziplin. Hier gehe ich nicht nur auf das Laufen und den Sport ein, sondern streife auch andere Dinge, die manchmal schwierig umzusetzen sind. Wer kein Problem mit der Konsequenz und Selbstdisziplin hat, kann diesen Abschnitt einfach überspringen und gleich zu den technischen Fragen des richtigen Laufens springen.

Jeder Mensch lernt ihn im Laufe seines Lebens kennen, den inneren Schweinehund. Es gibt sogar einen lateinischen Begriff für ihn: Porcus Canis Interior (PCI). Er kann nerven, stören, sabotieren, krank machen und sogar töten. Also sollte man ihn nicht auf die leichte Schulter nehmen. Natürlich gibt es ganz kleine, fast niedliche und große, bösartige Exemplare. Der innere Schweinehund gehört zum Leben eines jeden Menschen. Zumindest kenne ich niemanden, der oder die den inneren Schweinehund nicht in irgendeinem Bereich des Lebens gelegentlich antrifft. Eine andere Bezeichnung für den inneren Schweinehund ist »fehlende Konsequenz«. Im Rahmen dieses Kapitels ist mit Konsequenz gemeint, dass Sie Dinge, die Sie für richtig und notwendig halten, trotzdem nicht oder nicht regelmäßig tun. Es ist zwar der innere Wunsch da, es zu tun, nur scheint er nicht stark genug zu sein. Dies ist ein ganz wichtiger Punkt: Es muss der Wunsch da sein, es zu tun. Nicht jeder Mensch will zum Läufer werden. Nicht jeder Mensch hat eine leere Schreibtischplatte zum Ziel. Verstehen Sie die Beispiele in diesem Teil des Buches wirklich nur als solche. Sie müssen nicht laufen oder pünktlich sein oder jeden Tag drei Liter Wasser trinken. Doch wenn Sie es wollen, aber nicht schaffen, lernen Sie hier Möglichkeiten kennen, den inneren Schweinehund zu besiegen.

Dieser Teil des Buches gibt den Menschen Hilfe, die noch nicht perfekt sind. Und das sind zum Glück die allermeisten. Ehrlich gesagt soll es auch mir selbst helfen. Denn etwas aufzuschreiben und es anderen zu erklären, oder es zumindest zu versuchen, ist die effektivste Form von Lernen.

Über dieses Thema ist schon sehr viel geschrieben worden. Aus diesem Grund, empfehle ich den »Profis« des Zeitmanagements, einfach schneller zu lesen und einen Gang zurückzuschalten, wenn es wieder interessanter scheint. Ich sage lieber etwas doppelt, als nicht verstanden zu werden.

Veränderungen im Leben eines Menschen

Es gibt eine Sache, auf die man sich wirklich immer verlassen kann: den Wandel. Menschen ändern sich und damit ändert sich auch die Welt um uns herum. Aus diesem Grund muss sich der Mensch wieder ändern und so weiter. Ein Beispiel: Als ich ein Jahr alt war, fanden alle es toll, wenn ich nach einer Mahlzeit laut und vernehmlich gerülpst habe. Heute ist die Begeisterung nicht mehr so groß, wenn ich es tue. Wann legte ich das Verhalten ab? Irgendwann fingen meine Eltern an, mir zu erzählen, dass es sich nicht gehört, nach dem Essen zu rülpsen. Wenn ich es dennoch tat, schimpften sie oder taten zumindest ihren Unmut kund. Das Schimpfen hatte eine schmerzhafte Wirkung auf mich, also vermied ich den Rülpser. Es war zwar nicht schön, es immer zu vermeiden, aber immer noch besser, als jedes Mal Ärger zu bekommen. Ich stellte also damals mein Handeln um, um Schmerz zu vermeiden. Einige Jahre später, mit sechs Jahren, spielte ich im Schachklub in Leck Schach. Ich war der Jüngste und gewann anfangs niemals. Es machte mir aber nichts aus, immer zu verlieren, denn ich kannte ja nichts anderes. Dann eines Tages gewann ich plötzlich ein Spiel. Alle Großen lobten mich und ich fühlte mich richtig gut. Ab diesem Moment wollte ich im Leben immer häufiger in Wettbewerben gewinnen. Mein Ehrgeiz war geboren. Mein Handeln hat sich geändert, nachdem ich gemerkt hatte, wie ich für mich Freude erzeugen kann.

Ich habe mit voller Absicht Beispiele aus der Kindheit genommen, um zu zeigen, dass diese Veränderungen instinktiv, aus dem Bauch heraus, entstehen. Nicht der Kopf hat das entschieden, sondern der Bauch. Das ist auch heute noch so. Und nicht nur bei mir, sondern bei den meisten, wenn nicht sogar bei allen anderen Menschen. Ich änderte also Dinge in meinem Leben, um einen positiveren Zustand zu erzeugen oder um einen negativen Zustand zu vermeiden.

Gründe für menschliches Handeln

Es gibt nur zwei Gründe für menschliches Handeln. Ob Menschen etwas tun oder nicht tun, eine Entscheidung so oder anders treffen, es stecken immer nur zwei Beweggründe dahinter:

- Glück erzeugen oder
- Schmerz vermeiden

Daneben gibt es ein ursprüngliches Bedürfnis bei den meisten Menschen, alles im ursprünglichen Zustand zu belassen. Diesen bekannten Zustand nennt man die »Komfortzone«, aus der herauszutreten vielen Menschen schwerfällt. Diese drei Aspekte – Freude erzeugen, Schmerz vermeiden und die Komfortzone – spielen für den inneren Schweinehund eine große Rolle. Überlegen Sie einmal, ob Sie einen Menschen kennen, der von einem bestimmten Tag an einen drastischen Wandel in seinem Leben vollzogen hat. Sicherlich werden Sie in Ihrem Umfeld eine solche Person kennen. Welche Ursache hatte diese Veränderung, dieser große Schritt raus aus der Komfortzone? Könnte es der Beweggrund »Schmerz vermeiden« gewesen sein?

Ein Beispiel aus dem gesundheitlichen Bereich: Zunächst wird jeder Mensch gesund geboren. Natürlich gibt es bestimmte Krankheiten und Beeinträchtigungen, die Menschen von Geburt an haben, häufiger sind aber die mit der Zeit erworbenen Krankheiten. Zähne wachsen erst einmal ohne Karies, Säuglinge sind in der Regel noch nicht fettleibig und die Adern sind noch nicht verkalkt und verfettet. Auch die Lunge ist bei Kleinkindern noch nicht geteert. Zunächst können wir Menschen von einem relativ gesunden Körper ausgehen. Davon zehren wir dann im Laufe unseres Lebens. Einige mehr, andere weniger. Nehmen wir einmal einen 45-jährigen Mann. Bis zu seinem 16. Lebensjahr war er noch gesund, hat in seiner Jugend nachmittags mit seinen Freunden Fußball gespielt, weil es damals nachmittags noch kein Fernsehprogramm gab und vor allem nicht auf 20 Sendern. Ab und zu hat er ein paar Zigaretten geraucht, weil es als cool galt und die anderen auch geraucht haben. Nach der Schulzeit machte er eine Lehre und bald danach Karriere. Mit 30 Jahren war er verheiratet, hatte eine Tochter und ein großes Haus. In der Firma wurde er immer erfolgreicher. Deshalb kehrte er dem Fußballverein im Alter von 30 Jahren den Rücken, weil einfach keine Zeit für den Sport blieb. War ja schon schlimm genug, dass er seine Tochter nur am Wochenende sah, weil morgens keine Zeit für ein gemeinsames Frühstück war und er abends erst aus der Firma kam, wenn die Kleine schon schlief. Dann noch am Wochenende Fußball-Punktspiele, das war nicht mehr drin.

Mit 35 machte sich die fehlende Bewegung immer mehr bemerkbar und bei 1,80 Meter Körpergröße war er bei 83 kg angekommen. Aber mit über 30 Jahren stellt sich der Stoffwechsel ja ohnehin um und diese Gewichtszunahme passierte eigentlich den meisten seiner Bekannten. Nur wenn der Stress in der Firma richtig groß wurde, machte sich das positiv am Gewicht bemerkbar: Er nahm ab. Vielleicht auch dadurch, dass er dann mehr rauchte. Das Rauchen seit nunmehr 20 Jahren war zwar lästig, weil er immer Rücksicht auf das Kind nehmen musste, aber die Versuche aufzuhören wurden immer mit zusätzlichen Pfunden quittiert, und bei Stress brauchte er die Zigarette einfach.

Mit 43 hatte er dann einen Herzinfarkt. Als er zwei Monate nach dem Infarkt wieder zur Arbeit konnte, war die Firma nicht pleite, obwohl er sich eigentlich für unentbehrlich gehalten hatte. Es war ja nicht einmal Zeit gewesen, die Vertretung einzuarbeiten, über viele Projekte hatte nur er den Überblick, trotzdem war es weitergegangen. Die Ärzte hatten gesagt: »Achten Sie mehr auf Ihre Gesundheit. Wenn Sie so weitermachen, kommt der zweite Herzinfarkt ganz sicher, und dann ist die Überlebenswahrscheinlichkeit nicht mehr so groß wie beim ersten Herzinfarkt.«

In der langen Zeit im Krankenhaus hatte er Zeit, über das Leben nachzudenken. Bis auf den Herzinfarkt hatte er alles, was er sich wünschte: eine Frau, eine Tochter, ein Haus und mehr Geld und Freiheit als 99 % der Weltbevölkerung. Wäre es nicht eine Schande, diese Lebensqualität aufs Spiel zu setzen? Er beschloss, etwas weniger zu arbeiten und Sport zu treiben. Laufen wurde ihm empfohlen, da es für seine Erkrankung die effektivste Sportart sei. Außerdem konnte er gemeinsam mit seiner Frau zu jeder Zeit und überall laufen.

Heute, mit 45 Jahren, ist er gerade den Hanse-Marathon in Hamburg gelaufen. In vier Stunden und 15 Minuten kam er durchs Ziel. Zwar hatte er sich bei Kilometer 38 geschworen, nie wieder diese Qualen auf sich zu nehmen, aber im Ziel kamen ihm die Tränen vor Glück. Heute, 14 Tage nach dem Lauf, plant er irgendwann einmal in New York teilzunehmen. Nachdem er aus dem Krankenhaus kam, hat er nicht mehr geraucht. Durch sein wöchentliches Laufpensum hat er im Gegensatz zu den früheren »Nichtraucher-Phasen« nicht zugenommen. Er nimmt sich morgens Zeit für das Frühstück und kommt pünktlich von der Arbeit nach Hause, weil er ja noch laufen möchte. Trotz der etwas kürzeren Arbeitszeit hat er das Gefühl, eher mehr zu leisten als früher. Auf jeden Fall verdient er mehr. Einige Probleme der Arbeit lösen sich beim Durchdenken im Wald, ohne Handy, Telefon und sonstige Störungen, fast von alleine. Früher hatte er nie Zeit für eine stille Stunde, obwohl es ihm oft genug in teuren Zeitmanagementseminaren ans Herz gelegt worden war. Seine stille Stunde hat er heute jeden Tag im Wald, wenn er läuft. Sein Leben ist heute ein anderes.

Was hat diese Veränderung ausgelöst? Er wollte nicht sterben, er wollte mit seiner Frau das Leben und sein verdientes Geld genießen. Außerdem wollte er seine Tochter heranwachsen sehen. Und bei ihrer Hochzeit wollte er dabei sein. Hätte er sein Leben nicht grundlegend geändert, hätte auf der Hochzeit vielleicht nur jemand in einer Rede an den »viel zu früh verstorbenen Vater« erinnert. Kurzum: Er wollte Schmerz vermeiden. Dies ist bei den meisten Menschen ein sehr großer und starker Hebel.

Diese kleine Geschichte ist zwar völlig frei erfunden, aber sicherlich in ähnlicher Form schon tausendfach in Deutschland passiert. Allerdings nicht immer mit Happy End. Die Hauptpersonen einer solchen Geschichte brauchen kein Buch über den inneren Schweinehund. Der eigene Körper hat dem Kopf die Pistole auf die Brust gesetzt. Kleine Warnsignale wie permanenter leichter Gewichtsanstieg und schwindende Kondition werden oft nicht ernst genommen. Deshalb muss der Körper irgendwann schwerere Geschütze auffahren, um sich verständlich zu machen.

Ziel dieses Buches ist es, etwas im Leben positiv zu verändern, bevor der Schmerz kommt. Das bezieht sich nicht nur auf die Gesundheit und das Laufen, sondern genauso auf die Finanzen oder die Ordnung im Büro.

Hier ist eine Mind Map zum Thema »Porcus Canis Interior«. Die Erklärung folgt im nachfolgenden Text.

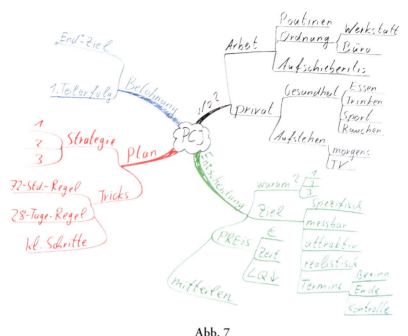

Abb. 7

Wo gibt es den inneren Schweinehund?

Bevor man etwas zum Positiven verändern kann, muss man sich erst einmal darüber klar sein, was man verändern will. Oft dauert es lange, bis ein Mensch merkt, dass eine Verhaltensweise schlecht ist. Wer raucht, muss relativ lange auf die negativen Konsequenzen warten. Zumindest auf die gesundheitlichen Konsequenzen. Die finanziellen sind dagegen sofort spürbar. Eine Woche rauchen macht nicht krank, 30 Jahre rauchen dagegen mit großer Wahrscheinlichkeit schon. Zwei Kilogramm zunehmen pro Jahr ist nicht viel, in zehn Jahren allerdings schon. Eine Woche zu wenig Wasser trinken macht nichts, aber nach 30 Jahren Nierensteine zu bekommen, soll sehr schmerzhaft sein, habe ich mir sagen lassen. Das Gute oder auch das Schlechte, ganz wie Sie wollen, ist, dass man erst einmal von seiner Gesundheit zehren kann. Ob die Lunge eine Leistungsfähigkeit von 100 % oder von 80 % hat, merkt man als normaler Mensch kaum. Die Organe »sagen erst Bescheid«, das heißt man verspürt

Schmerzen, wenn die Leistungsfähigkeit von circa 30 % (!) unterschritten wird. Der Körper ist unglaublich leidensfähig. Das ist in der heutigen Gesellschaft ein Problem, weil man erst Symptome bekommt, wenn schon viel verloren ist.

Wo ist Ihr Schweinehund? Hier ist eine unvollständige Aufzählung häufiger Probleme, die man nach meiner Erfahrung mit dem Fahrplan (Abbildung 7) lösen kann:

- Abnehmen (im »normalen« Maße. Mit Menschen, die fettleibig sind und mehr als 50 kg Übergewicht haben, habe ich keine Erfahrung.)
- regelmäßig Sport treiben
- Aufschieberitis
- Aufstehen
- Wasser trinken
- Ordnung im Büro
- Rauchen (solange noch keine starke körperliche Abhängigkeit besteht)
- rechtzeitig Feierabend machen (wenn es in der eigenen Verantwortung liegt)
- regelmäßige Übungen, um Rückenschmerzen vorzubeugen

Das sind keine Muss-Empfehlungen. Nicht jeder möchte mit dem Rauchen aufhören. Auch strebt nicht jeder sein Idealgewicht oder einen leeren Schreibtisch an. Wenn Sie aber schon längere Zeit den Wunsch verspüren und es bisher nicht geschafft haben, eine bestimmte Änderung des Verhaltens dauerhaft in das Leben einzubauen, versuchen Sie Folgendes:

Nehmen Sie ein Blatt Papier und schreiben Sie Ihren Porcus Canis Interior auf. Das kann nur ein Wort sein wie »Abnehmen« oder zwei Worte wie »Rauchen aufhören«. Das soll noch kein Ziel sein, deshalb macht es nichts, wenn der Schweinehund negativ formuliert ist. Die Schriftform ist sehr wichtig, weil sie verbindlicher ist als die Gedanken im Kopf. Damit ist der erste Schritt getan. Der zweite ist:

Die Entscheidung

Eine Entscheidung zu treffen, dauert nur den Bruchteil einer Sekunde. Keine Entscheidung ist ebenfalls eine Entscheidung. Nämlich die, es nicht zu tun. Rauchen aufhören oder nicht? Die Entscheidung nicht zu treffen, heißt, weiterhin zu rauchen, und damit hat man sich für das Rauchen entschieden. Die Entscheidung findet im Kopf statt, die Umwelt bekommt es anfangs gar nicht unbedingt mit und manchmal ändert diese Entscheidung das ganze Leben. Manche Entscheidungen werden ohne Hilfe getroffen und auch sofort, gut und konsequent umgesetzt. Falls das aber Ihrer Erfahrung nach bei diesem Schweinehund nicht so leicht klappt, nehmen Sie wieder das Blatt zur Hand. Schreiben Sie auf, warum Sie den Schweinehund überwinden wollen. Beispiel Rauchen: mehr Geld, bessere Gesundheit, Vorbild für die Kinder, frischerer Atem, Kleidung stinkt nicht ... Beispiel Abnehmen: bessere Beweglichkeit, Attraktivität, Klamotten passen wieder, bessere Gesundheit, bessere Kondition ... Beispiel Laufen: keine Erkältung mehr, weniger Schlafbedürfnis, bessere Blutwerte, dünnere Beine (Frauen) ...

Fünf »Warum« sind das Minimum. Hören Sie nicht vorher auf. Zur Not machen Sie ein Brainstorming mit Ihrer Familie, bis Sie mindestens fünf, besser noch 15 Gründe haben, warum es gut ist, den Schweinehund zu besiegen.

Jetzt brauchen Sie ein konkretes Ziel, damit die logische Gehirnhälfte weiß, was genau zu tun ist, und damit die bildhafte Gehirnhälfte sich schon mal ein schönes Bild von dem Zustand nach Zielerreichung machen kann. Zur Zielsetzung lasse ich mich im nächsten Kapitel etwas ausführlicher aus. Nachdem Sie das Kapitel gelesen haben, sollten Sie ein kurzes, knackiges Ziel unter Ihre »Warum« schreiben.

Ziele

> »Die Menschen sind nicht faul.
> Sie haben bloß keine Ziele, die es zu verfolgen lohnt!«
> Tony Robbins

Die meisten Menschen haben Ziele. Wenn sie allerdings nach den Zielen gefragt werden, fällt es ihnen oft schwer, sie genau zu benennen. Fast alle Deutschen haben das Ziel, im Alter noch gesund zu sein. Warum verhalten sich die Menschen dann so unterschiedlich? Einige hoffen auf den Zufall und auf ihre Gene und haben vielleicht Glück, andere tun bewusst etwas dafür, gehen regelmäßig zum Gesundheitscheck, machen Sport, obwohl es unbequem ist, und achten auf die Ernährung. Es gibt zwar für nichts im Leben eine Garantie, aber wer bewusst etwas für seine Gesundheit tut, erhöht ohne Zweifel die Wahrscheinlichkeit, dass das Alter noch lebenswert ist.

Durch die richtige Technik beim Setzen der Ziele lässt sich sehr viel Motivation tanken. Ein wichtiges Handwerkszeug gegen den inneren Schweinehund sind also gute Ziele. Zunächst ein Beispiel von mir selbst: Als ich 1993 an einem Zeitmanagementseminar teilnahm, war die Aufgabe, sich in den vier Lebensbereichen Gesundheit, Leistung, soziale Kontakte und persönliche Entwicklung Ziele zu setzen. Auch mein Ziel war damals, im Alter noch gesund zu sein, weil mein Opa mir vorgemacht hatte, dass es möglich ist. Er hatte mit über 80 Jahren noch das goldene Tanzabzeichen gemacht. Der erste Schritt ist, das Ziel schriftlich konkret zu formulieren. Was heißt alt? Was heißt gesund? Der nächste Schritt sind Zahlen. Ein Ziel muss messbar sein. Alt fing bei mir damals mit 27 Jahren bei 75 an. In 30 Jahren bin ich 71, dann werde ich es eventuell anders sehen. Ein Kind im Kindergarten würde mich heute mit 41 Jahren sicherlich bereits als sehr »alt« betiteln. Damals war 75 für mich »alt«. Was war für mich gesund? Wenn ich alt bin, will ich immer noch joggen. Das war ein Grund, weshalb ich mir das Hobby Laufen ausgesucht habe, man kann es auch noch im hohen Alter tun. Wie macht man »noch laufen können« messbar? Man nimmt erfolgreich an einer Veranstaltung teil. Welche wird es auch im Jahre 2041 (dann bin ich 75) noch geben? Den Berlin-Marathon. Damals betrug die Zeit, in der man die 42,2 km geschafft haben musste, fünf Stunden, dann machte das Ziel zu. Mittlerweile ist das auf sechs Stunden verlängert worden. Mein Ziel von 1993, das auch heute noch gilt: Mit 75 will ich den Berlin-Marathon in einer Zeit von unter fünf Stunden laufen. Wenn ich das schaffe, werde ich wohl einigermaßen gesund sein, sonst wird es nichts. Dabei geht es nicht um den Marathon, sondern darum, schon jetzt handeln zu müssen, um das Ziel zu erreichen. Der Weg ist das Ziel.

Die Suche nach der Speerspitze

Wenn Sie das jetzt lesen, denke Sie sich vielleicht: Wieso gerade ein Marathon? Es geht doch um etwas ganz anderes. Stimmt! Das geht es auch. Es geht um das ganze Leben. Dazu ein kleiner Test. Hierzu brauchen Sie aber die Hilfe einer zweiten Person. Der Helfer nimmt zwei Blatt Papier (normales DIN-A4-Blatt) und hält es zwischen den Händen gespannt, quasi wie ein Brett zum Durchschlagen, vor Sie hin. Jetzt strecken Sie den Arm aus und machen eine Faust. Versuchen Sie jetzt, die zwei Blätter mit der Faust durchzudrücken (nicht schlagen!). Merken Sie, wie unglaublich viel Energie Sie benötigen, um mit »der Faust durch die Wand« zu kommen? Das wäre ein Ziel wie: Ab heute lebe ich gesünder, rauche nicht mehr, mache viel Sport, trinke genug Wasser und ernähre mich gesund usw. Vergessen Sie es! Das ist wie »mit der Faust durch die Wand«. Das ist eine anstrengende Verzettelung. Suchen Sie nach der Speerspitze.

Zurück zu den zwei Blatt Papier. Jetzt nehmen Sie anstatt der Faust den Zeigefinger. Solange Sie keine scharfen Fingernägel haben, bedarf es hier auch noch erheblicher Anstrengung, um nur durch Druck die Blätter zu durchstoßen. Jetzt nehmen Sie einen spitzen Bleistift oder einen Kugelschreiber (mit ausgefahrener Mine). Beobachten Sie, wie wenig Energie jetzt vonnöten ist, um ein erstes Loch in die Blätter zu machen. Legen Sie den Bleistift weg und drücken Sie jetzt den Finger durch das bestehende Loch. Es geht ganz leicht. Und jetzt durch dieses Loch die Faust. Plötzlich geht auch das ganz leicht.

Jetzt wieder zu meinem Beispiel mit dem Marathonlauf. Der Marathon ist die Speerspitze. Es geht mir nicht um den Marathon, aber ich gehe davon aus, dass ich noch in der Lage sein werde, einen eigenen Hausstand zu führen, wenn ich einen Marathon laufen kann. Wahrscheinlich kann ich auch noch Auto fahren und werde im Großen und Ganzen fit sein. Das alles ist die Faust, um die es wirklich geht. Wenn Sie also Ihre Gesundheit verbessern wollen, suchen Sie zunächst nach einem Ansatzpunkt. Wenn Sie diesen im Griff haben, kommt eine andere Baustelle oft automatisch hinzu. Zum Beispiel hören Läufer oft ganz automatisch auf zu rauchen. Auch ohne Hypnose, Akupunktur oder Nikotinpflaster. Egal wo, aber fangen Sie an. Es ist wichtiger, ins Handeln zu kommen, als sich erst einmal Monate lang zu informieren, wie denn der ideale Weg zum Ziel aussieht. Den perfekten Weg gibt es ohnehin nicht.

So machen Sie Ihr Ziel deutlich

Drei Punkte fehlen noch für ein wirklich gutes Ziel:

1. Ein Ziel muss attraktiv sein. Für mich ist der Marathonlauf attraktiv, für jemand anderen vielleicht die Besteigung der Zugspitze oder die Wanderung auf dem Jakobsweg.
2. Ein Ziel muss realistisch sein. 1993 bin ich schon einmal einen Marathon gelaufen und wusste, dass der älteste Teilnehmer beim New-York-Marathon 90 Jahre alt war. In Berlin sind im Jahr 2007 elf Teilnehmer in der Altersklasse M75 angekommen, davon ein Teilnehmer in weniger als vier Stunden. Also ist Laufen mit 75 Jahren für mich ein realistisches Ziel. Und die fünf Stunden habe ich wirklich nur wegen der Zielschließung als Zeit angesetzt. Vielleicht werde ich es irgendwann auf sechs Stunden ändern.
3. Termine für Beginn, Kontrolle und Schluss festlegen. Der Endtermin steht fest: das Jahre 2041. Der Beginn steht für mich auch fest: ab sofort, weil ich ständig fit bleiben muss. Wenn ich erst mit 65 das nächste Mal darüber nachdenke, wird es wohl schwerlich funktionieren. Der Kontrolltermin: Mindestens jedes zweite Kalenderjahr werde ich einen Marathon laufen. Bisher waren es seit 1993 acht Marathonläufe, davon in einem Jahr zwei. Für 2007 hatte ich mir den Hansemarathon in Hamburg vorgenommen, den ich aber absagen musste, weil ich eine Fußverletzung hatte. Diese ist aber inzwischen auskuriert und im Frühjahr 2008 habe ich den Marathon nachgeholt. Es kommt also auf dem Weg zum Ziel immer mal etwas dazwischen. Dann muss man eben einen anderen Weg zum Ziel suchen.

Die Regeln für eine konkrete und umsetzungsorientierte Zielsetzung lassen sich mit den fünf Buchstaben »SMART« abkürzen (Diese Regel habe ich von Lothar J. Seiwert, dem Papst des Zeitmanagements in Deutschland):

Schriftlich, konkret formuliert
Messbar, muss immer Zahlen enthalten
Attraktiv und positiv formuliert
Realistisch und möglichst autonom, also nur von mir abhängig
Terminierbar, Beginn, Ende und Kontrolltermine

Jedes Ziel lässt sich so formulieren. Es ist zwar etwas schwieriger, es nach diesen Regeln zu formulieren, als das Ziel nur im Kopf zu haben, aber dann ist das Ziel garantiert fassbar. Zum Unterschied zwischen Zielen, die man im Kopf hat, und konkreten schriftlichen Zielen ein Auszug aus dem Buch »Wenn Du es eilig hast, gehe langsam« von Lothar J. Seiwert:

(sinngemäß) Eine Studie der Harvard Universität über den Werdegang von Studienabgängern über den Zeitraum von zehn Jahren ergab folgende Ergebnisse: 83 % hatten keine klare Zielsetzung für ihre Karriere (d. h., sie konnten ihre Ziele nicht konkret, also SMART, nennen). Diese verdienten im Schnitt einen bestimmten Dollarbetrag 1X. 14 % hatten eine klare Zielsetzung für ihre Karriere, hatten diese aber nicht schriftlich festgelegt (Diese Gruppe konnte die Ziele zwar SMART nennen, aber nicht zeigen). Diese Gruppe verdiente im Schnitt das Dreifache 3X. Die verbleibenden 3 % hatten eine klare (SMART) Zielsetzung für ihre Karriere und diese auch schriftlich festgelegt. Sie verdienten im Schnitt das Zehnfache 10X.

Dabei muss man sich klarmachen, dass die große erste Gruppe durchaus nicht arbeitslos war. Als Harvard-Absolvent ist nach zehn Jahren 100000,- Euro durchaus drin. Der eine oder andere kommt aber eben auch auf eine Million Euro.
»Und das soll nur an der Schriftform liegen?«, werden Sie sich nun vielleicht fragen. Die Schriftform ist schon seit ewigen Zeiten eine Methode, um Motivation und Druck auszuüben. Manchmal braucht der Mensch etwas Druck. Stellen Sie sich einmal vor, Sie möchten in einem Jahr drei Kilogramm abnehmen. Zurzeit wiegen Sie bei 1,75 Meter Körpergröße 75 kg. Dann wird der Hebel »Schmerz vermeiden« bei Ihnen nicht besonders ausgeprägt sein. Kein Arzt wird gesagt haben: »Sie sind fettleibig. So leben Sie nicht mehr lange.« Auch Ihr Partner droht nicht mit Trennung, falls

Sie sich nicht endlich am Riemen reißen. Es stört eigentlich nur Sie selbst, dass Ihnen auffällt, wie Sie im Schwimmbad den Bauch ständig ein klein wenig mehr einziehen als früher. Wenn Sie nun zwei schöne gerahmte Plakate hätten mit der Aufschrift: »In einem Jahr (Datum) werde ich nur noch 72 kg wiegen!«, könnten Sie eines neben die Garderobe hängen. Das zweite hängen Sie vor den Schreibtisch, so dass Sie es täglich vor Augen haben. Folgendes würde passieren: Jeder Besucher zu Hause bemerkt das Plakat, wird Sie darauf ansprechen, fragen, wie weit der Erfolg denn schon gediehen sei und so unfreiwillig als Motivator oder als Trainer dienen. Vielleicht hat ein Besucher sogar einen guten Tipp, der helfen kann.

Das Plakat im Büro ist an das Unterbewusstsein gerichtet. Selbst an Tagen, an denen Sie sehr beschäftigt sind, nutzen Sie nur 15 % der Gehirnkapazität. Das Plakat ist eine Botschaft an die restlichen 85 % des Gehirns. Diese versuchen dafür zu sorgen, dass das Ziel realisiert wird.

Diese »Psychotechniken« habe ich mir nicht ausgedacht. Zuerst waren die erfolgreichen Menschen da. Dann kamen die Techniken. Man hat versucht herauszufinden, was erfolgreiche Menschen von nicht ganz so erfolgreichen unterscheidet. Dabei ist man auf diese Dinge gestoßen. Warum sollte man nicht die Techniken der Erfolgreichen kopieren, wenn sie funktionieren? Lernen ist nichts weiter, als Techniken zu kopieren, um Zeit zu sparen. Das Rad muss nicht ständig neu erfunden werden. Fosbury hat eine ungewöhnliche Technik erfunden, um über eine Hochsprunglatte zu springen. Alle anderen haben ihn seitdem kopiert. Das Gute an der Motivationsregel »Schriftform« ist außerdem, dass sie nicht viel kostet. Weshalb also nicht ausprobieren?

Die Messbarkeit der Ziele kann in einigen Bereichen des Lebens auf den ersten Blick ein Problem sein. Wie will man zum Beispiel Gesundheit messen? Einige Vorschläge:

- täglich drei Liter Wasser trinken
- in einer Stunde fünf Kilometer gehen können
- nicht mehr wiegen als Körpergröße in Zentimetern minus 100
- sich eine Einkaufsliste mit zehn Dingen merken können
- Blutwerte im Bereich »prognostisch günstig«

»Wie misst man Zufriedenheit?« Das ist eine häufige Frage in einem Zeitmanagement-Seminar. Zählen, wie oft am Tag oder in der Woche man lacht, wäre eine Möglichkeit. Oder wenn es absolut keinen Zahlenmaßstab gibt, kann man die Tage »benoten«. Das habe ich als Teenager gemacht, als ich ein Tagebuch geführt habe. Jeder Tag hat eine Note von 1+ bis 6 bekommen. So kann man auch nicht messbare Dinge messbar machen.

Das »A« von SMART steht für »attraktiv«. Ein Ziel muss wirklich attraktiv sein. Dabei ist es von großer Bedeutung, auf eine positive Formulierung zu achten. Das Unterbewusstsein versteht leider das Wörtchen »nicht« nicht. Wenn Sie sich denken »Ich will nicht mehr rauchen«, dann haben Sie den Geschmack der Zigarette im Mund. »Ich will keine Schokolade mehr essen«, dann läuft Ihnen das Wasser im Mund zusammen, weil Sie dann an die Schokolade denken. »Ich will an jedem Abend, an dem ich vor dem Fernseher sitze, mindestens ein Stück Obst essen.« Das wäre ein positiv formuliertes Ziel. Dass wir uns nicht falsch verstehen: Dies ist keine Garantie, dass Sie nicht mehr an die geliebte Schokolade vor dem Fernseher denken. Aber andersherum ist »keine Schokolade« eine Garantie dafür, dass Sie, solange Sie dieses Ziel haben, immer an die Schokolade denken.

Das »R« von SMART steht für »realistisch«. Wann ist ein Ziel realistisch? Dazu müssen Sie sich den Preis klarmachen. Dies wird noch näher beschrieben. Aber hier auch schon mal ein Beispiel: Angenommen ein Läufer braucht für 10000 Meter in einer Laufveranstaltung 50 Minuten. In einem halben Jahr will er die 40-Minuten-Grenze knacken. Ist das realistisch? Kommt darauf an! Wahrscheinlich hat es schon einmal jemand geschafft. Von daher geht es grundsätzlich auf jeden Fall. Wenn man es nicht selbst einschätzen kann, braucht man Informationen. In diesem Beispiel bedeutet das: Der Läufer findet einen Menschen, der das geschafft hat, und bekommt heraus, wie viel Zeit und Trainingskilometer derjenige dafür aufgewandt hat. Ist der Läufer bereit, ähnlich viel Zeit zu investieren? Vielleicht findet der Läufer auch im Internet einen entsprechenden Trainingsplan, aus dem er den Zeit- und Kilometeraufwand abschätzen kann. Ohne Informationen gibt es auch die Möglichkeit, es zu testen. Das Ziel unseres Läufers würde dann um ein Zwischenziel ergänzt:

Drei Monate laufe ich zwei Stunden in der Woche mehr und pro Woche zweimal mit einer um 10 % höheren Herzfrequenz. Dann mache ich einen Testlauf, den ich in 44 Minuten absolvieren muss. Wenn das nicht klappt, ist das Ziel unrealistisch.

Für die Nicht-Läufer unter den Lesern: Von 50 auf 45 Minuten zu kommen, ist nicht halb so schwer, wie von 45 auf 40 Minuten zu kommen.

Auf jeden Fall ist es zu schaffen, wenn unser Läufer sich ein halbes Jahr freinimmt und sich für ein halbes Jahr einen Lauftrainer mietet. Wahrscheinlich wäre dieser Preis aber zu hoch. Ob ein Ziel realistisch ist, ist also überwiegend eine Frage des Preises. Ist man bereit, einen hohen Preis für ein Ziel zu zahlen, so ist auch ein hohes Ziel realistisch. Aber: Haben Sie keine Angst vor großen, vermeintlich unrealistischen Zielen. Als kaum jemand Bill Gates kannte, soll er bereits das Ziel gehabt haben, mit einem Computerprogramm 85 % Marktanteil weltweit zu haben. 99 % der Menschen würden ein solches Ziel für absolut unrealistisch halten. Aber er hat es geschafft.

Zu einem realistischen Ziel gehört ebenfalls, dass es zum überwiegenden Teil von Ihnen selbst abhängig ist. In meiner landwirtschaftlichen Zeit wäre das finanzielle Ziel »5000,- Euro mehr Gewinn in einem Jahr« zwar nicht unrealistisch, aber absolut nicht nur von mir abhängig, zumindest nicht kurzfristig. Bei 500000 Kilogramm abgelieferter Milch pro Jahr wäre das ein Cent Milchgeld. Das Milchgeld schwankt aber oft um wesentlich mehr als um einen Cent, und zwar durch politische Entscheidungen. Eine Entscheidung in Brüssel kann meinen Gewinn ganz schnell um 10000,- Euro steigern oder senken, ohne dass ich kurzfristig einen Einfluss darauf habe.

Viele wirklich einschneidende Entwicklungen und viele Erfolgsgeschichten basieren auf großen Zielen, die einzig von ihrem Verfasser für realistisch gehalten wurden. Übrigens heißt das nicht, dass ein Ziel immer gleich bleiben wird, bis es erreicht ist. Nach einiger Zeit muss man überprüfen und, um realistisch zu bleiben und sich nicht durch unrealistische Ziele zu demotivieren, eventuell sein Ziel verändern.

Der Preis

Man bekommt nichts geschenkt im Leben. Sich nur ein Ziel zu setzen und aufzuschreiben ist nicht so schwer, aber ich muss es auch umsetzen. Der Jahreswechsel ist eine Zeit, in der sich viele Menschen Ziele für das kommende Jahr setzen. Viele tun es aber auch schon nicht mehr, weil sie die Erfahrung gemacht haben, dass am 15. Januar die Ziele bereits über den Haufen geworfen werden. Die Ursache ist sehr oft, dass man sich den Preis nicht klargemacht hat und er sich dann als so hoch herausstellt, dass man nicht bereit ist, ihn zu bezahlen. Ein Ziel kostet:

- fast immer Zeit
- sehr oft Geld
- Lebensqualität; Lebensqualität ist ein subjektives Empfinden. Die Zigarette nach dem Frühstück oder eine 300-Gramm-Tafel Milka ist für den einen Lebensqualität, für den anderen eine Foltermethode. Anfangs wird das Aufgeben von Gewohnheiten aber meistens als Einschränkung der Lebensqualität empfunden.

Mein Ziel, der Marathon mit 75 Jahren, kostet Zeit. Mindestens alle zwei Jahre werde ich einen Marathon laufen, und da werde ich in den letzten drei Monaten vor dem Lauf mindestens vier Stunden mehr als sonst laufen. Geld kostet es auch. Die Anmeldung kostet heute schon 60,- Euro, mindestens ein Paar Laufschuhe für 160,- Euro im Jahr, das war es aber auch schon fast. Der finanzielle Preis ist im Verhältnis zur Größe des Ziels gering. Die Lebensqualität ist für mich persönlich kein Problem mehr. An einigen Wochenenden ist es aber schon bequemer, am Sonntag auf dem Sofa zu sitzen, anstatt 32 Kilometer durch den Regen zu laufen. Aber ich bin bereit, den Preis zu bezahlen. Natürlich ist es trotzdem keine Garantie, dass ich es schaffe. Wenn ich nächste Woche einen Autounfall habe, kann ich vielleicht nicht mehr laufen. Aber ich hatte in den vergangenen 15 Jahren schon den Erfolg, dass ich den Marathon auch 18 Jahre nach meinem ersten Marathon noch in 3 Stunden und 22 Minuten (Hamburg 2008) schaffte. Definitiv erhöht dieses Ziel die Wahrscheinlichkeit, im Alter noch fit zu sein.

Also, was ist der Preis, den Sie für das aufgeschriebene Ziel zahlen müssen? Wie viel Zeit, Geld und Lebensqualität kostet es? Jetzt, wo Sie sich klargemacht haben, wie hoch der Preis ist, haben Sie die Gelegenheit, die Zahlen Ihres Zieles noch etwas zu verändern. Womöglich nehmen Sie sich dann doch etwas mehr Zeit, um das Ziel zu erreichen. Zum Beispiel ein ganzes Jahr, um sechs Kilo abzunehmen, anstatt es in sechs Monaten schaffen zu wollen. Zu den Preisverhandlungen mit sich selbst gehört auch, die schwierigsten Situationen vorauszusehen. Wenn das Ziel das Abnehmen ist, könnte dazugehören: Wie gehe ich mit meiner geliebten Grillsaison um? Mögliche Lösung: Gemüsespieße mit in das Grillprogramm integrieren. Wie überstehe ich die vier Einladungen zur Hochzeit in diesem Jahr ohne die obligatorischen drei gehäuften Nachspeiseteller zu jeweils 1200 Kilokalorien? Mögliche Lösung: Wetten Sie mit Ihrem Partner um einen Kinobesuch, dass Sie ganz ohne Nachspeise auskommen.

Damit sind wir auch schon bei dem nächsten Schritt:

Die Entscheidung mitteilen

Suchen Sie sich Verbündete im Kampf gegen den Schweinehund. Das ist Druck und Belohnung zugleich. Außerdem testen Sie sich gleich selbst. Wenn Sie denken, das erzählst du lieber niemandem, dann sind Sie vielleicht nicht bereit, den Preis zu bezahlen. Stellen Sie sich vor, Sie möchten sechs Kilo abnehmen. Sie haben sich klargemacht, welche zehn Gründe dafür sprechen, es endlich zu tun. Dann haben Sie ein genaues Ziel, das auch realistisch ist. Und der Preis steht auch im angemessenen Verhältnis zu Ihrem Willen zum Erfolg und Sie sind bereit, den Preis zu bezahlen, dann wird es auch was! Jeder, dem Sie von Ihrem Vorhaben erzählen, kann als Motivator dienen. Vielleicht erinnert sich ein Freund an Ihre Ankündigung der sechs Kilo. Dann fragt er nach drei Monaten, wie weit der Erfolg denn gediehen ist. Sie können jetzt sagen: »Die ersten zwei Kilo habe ich schon geschafft.« Das ist doch schön, oder? Wenn der Freund auch gerade derjenige ist, der die Hochzeit mit dem üppigen Nachtischbuffet veranstaltet, fragt die Braut nun vielleicht: »Mag dein Freund keinen Nachtisch?« Doch er weiß, was los ist, und kann sagen:

»Früher wäre er dreimal gegangen, aber er will bis Weihnachten sechs Kilo abgenommen haben, deshalb verzichtet er darauf.«

Es gibt auch Ziele, die durchaus auf das Zusammenleben innerhalb einer Partnerschaft Einfluss nehmen. Auch hier ist es entscheidend, nicht nur das Ziel, sondern auch den Preis, den die Zielerreichung kostet, mitzuteilen. Angenommen, Sie wollen für einen Ironman trainieren, da brauchen Sie im Vorwege dringend die Zustimmung der Familie. Wenn Sie hören: »Du bist ja nur noch am trainieren und wir sehen dich gar nicht mehr«, dann ist schon negative Stimmung da. Jetzt fällt die Verhandlung sehr viel schwerer, als wenn Sie dem Familienrat wissen lassen, dass Sie im nächsten halben Jahr 12 Stunden pro Woche trainieren und für das nächste halbe Jahr alle 14 Tage am Wochenende ein Ausflug ins Schwimmbad ansteht, bei dem Sie allerdings 3000 Meter schwimmen werden, aber alle gerne mitkommen dürfen. Sprechen Sie die Hürden und den Umgang an, bevor die Hürden da sind. So bekommen Sie eher ein Ja, als wenn Sie auf den Gegenwind warten und dann debattieren müssen.

Also, wem werden Sie Ihre Entscheidung mitteilen? Und wem müssen Sie vielleicht sogar Ihre Entscheidung mitteilen, damit diese Person Ihnen keine Knüppel zwischen die Beine wirft? Fällt Ihnen etwas auf? Sie haben schon viel getan, aber noch nicht einen einzigen sichtbaren Schritt gemacht. Das kommt jetzt:

Der Plan

Sie brauchen einen Plan, wie Sie vorgehen, um das Ziel zu erreichen. Dabei kann es durchaus sinnvoll sein, sich in fachlichen Belangen Hilfe zu holen. Bei sportlichen Zielen gibt es Trainingspläne für alle Ansprüche. Da können Sie dann ablesen, was ein realistischer Preis für einen Marathon unter vier Stunden ist. Beim Abnehmen sind das vielleicht die Weight Watchers, die helfen können. Egal wie, aber sehr hilfreich ist eine Strategie, wie der Weg zum Ziel aussieht. Das kann eine eigene oder eine abgekupferte sein. Aber seien Sie bitte nicht zufrieden, wenn Sie eine Strategie gefunden haben, sondern suchen Sie weiter. Nicht immer kann man alle Eventualitäten vorhersehen. Da ist es beruhigend, mehrere Wege zum Ziel zu kennen.

Welche Strategien gibt es beim Abnehmen? Jeder kennt einige:

- FdH – das gleiche Essen, aber weniger
- genauso viel essen, aber gesündere Dinge
- vor den Mahlzeiten einen halben Liter Wasser trinken
- Sport machen.
- Weight Watchers
- Fett absaugen lassen
- auf Süßigkeiten verzichten

Wenn Sie mehrere Strategien haben, überlegen Sie, was die erste, was die zweite Wahl ist. Das steht natürlich auch in Verbindung zum Preis. Fett absaugen lassen kostet viel Geld und wenig Zeit. Vielleicht halten Sie es aber für vernünftiger, auf die Schokolade zu verzichten, tun es auch, aber nach vier Wochen Schokoladeverzicht ist noch nichts passiert und Sie wiegen noch genauso viel. Dann müssen Sie vielleicht doch Strategie Nr. 2 in Angriff nehmen: Sport machen. Für die Motivation ist es auf jeden Fall sinnvoll, einige Ausweich- oder Ergänzungsstrategien parat zu haben, falls die Nummer eins nicht den gewünschten Erfolg bringt.

Zur Ergänzung der Strategien gibt es noch drei Tricks, wie man den Schweinehund überwindet.

Drei Tricks zur Überwindung des inneren Schweinehundes

Die 72-Stunden-Regel
Diese Regel ist sehr wichtig und besagt: Nach der Entscheidung sollte man innerhalb von 72 Stunden einen sichtbaren Schritt in Richtung Ziel gemacht haben. Hat man sich zum Beispiel entschieden, mit regelmäßigem Sport zu beginnen, muss man zumindest innerhalb von 72 Stunden einen Probetermin im Fitnessstudio gemacht haben. Oder man läuft eben eine Minute. Dann weiß das Gehirn: Er/Sie meint es tatsächlich ernst. Psychologen haben dabei analysiert, dass die Wahrscheinlichkeit für eine zeitnahe Umsetzung unter 1 % liegt, wenn man nicht sofort startet.

Die 28-Tage-Regel
Diese Regel hat mich zwar 600,- DM gekostet, aber dafür gesorgt, dass ich den inneren Schweinehund in Bezug auf das Laufen für immer besiegt habe. Ich habe am 15.12.2000 ein Seminar von Ulrich Strunz in Berlin besucht. Dieses Seminar kostete 600,- DM. Zu dieser Zeit lief ich zwar schon regelmäßig, aber nicht konsequent fünfmal in der Woche. Obwohl ich sehr genau wusste, dass fünfmal 30 Minuten effektiver sind als dreimal eine Stunde. Aber wenn ich schon dabei war, machte ich etwas länger Sport. Häufiger und kürzer ist in anderen Bereichen der Gesundheit schließlich auch sinnvoller. Man isst ja auch nicht nur dreimal pro Woche vier Kilogramm, sondern jeden Tag dreimal. Und fünfmal pro Tag ist angeblich noch besser, damit der Körper gar nicht erst Hunger leidet. Dann muss er auch nicht in Form von Fettpölsterchen vorsorgen.

Fünfmal laufen schaffte ich locker, wenn ich für einen Marathon trainierte, weil ich da einen gewissen Druck hatte und musste, sofern ich meine Marathonziele erreichen wollte. Aber im normalen Alltag fehlte mir die Konsequenz. Dann stand Strunz auf der Bühne und sagte einen Satz: »Wenn ihr fünfmal Laufen nicht schafft, dann müsst ihr …«, ich bekam große Ohren!, »… siebenmal in der Woche laufen.« Zuerst dachte ich bei mir, dass es doch noch schwerer sei, jeden Tag ohne Ausnahme zu laufen. Dann wurde mir aber bewusst, dass es dann eine Entscheidung weniger geben würde. Es ist dann nur noch die Frage, wann und nicht mehr ob. Brav, wie ich bin, probierte ich es gleich aus. Am 16.12.2000 begann ich jeden Tag zu laufen, schließlich hatte ich 600,- DM für das Seminar bezahlt und die meisten Dinge kannte ich bereits aus seinem Buch. Aber die 28-Tage-Regel war mir neu.

Ich gehe gerne auf Nummer sicher, deshalb lief ich 42 Tage jeden Tag ohne Ausnahme. Damals hatte ich noch meinen landwirtschaftlichen Betrieb und an fünf Tagen musste ich vor dem Melken laufen. Das hieß für mich, morgens um fünf Uhr raus auf die Straße. Ich hatte zwar den Wald vor der Haustür, aber im Dunkeln (es war ja mitten im Winter) wäre das wohl etwas zu risikoreich gewesen. Es gibt Schöneres, als morgens um fünf im Dunkeln bei Regen, Wind und 2 °C zu laufen. Aber ich hatte den Beschluss gefasst, und ich wusste, dass ich abends keine Zeit haben würde. Nach wie vor laufe ich lieber abends, was ich damals 37-mal getan habe, aber eben auch fünfmal zur Unzeit morgens um fünf.

Nach Dr. Strunz Anweisungen durfte ich nach den 28, beziehungsweise nach meinen selbst auferlegten 42 Tagen das Laufpensum auf fünfmal pro Woche reduzieren. Das habe ich getan und fortan musste ich mich nicht mehr überwinden, um zu laufen. Es war normal geworden. Ich war begeistert, dass es funktioniert hatte, und bin auch heute noch froh, damals die 600,- DM und die Reise nach Berlin investiert zu haben.

Ich frage auch immer nach dem Warum, wenn etwas funktioniert. Nur konnte mir das niemand beantworten und in dem Seminar hatte ich auch keine Erklärung bekommen. Auch ohne zu wissen, aus welchem Grund es funktionierte, empfahl ich meinen Seminarteilnehmern die 28-Tage-Regel und verteilte ein 28-Tage-Trainingstagebuch, wie es auch im Anhang dieses Buches zu finden ist. Vier Jahre lang beobachtete ich, dass es erschreckend gut funktionierte. Wer mir das Trainingstagebuch nach 28 Tagen zufaxte und wirklich alle 28 Tage ausgefüllt hatte, lief auch noch nach zwei Jahren. Wer »nur« 27 von 28 Tagen gelaufen war, scheiterte meistens nach zwei Monaten wieder. Ich fragte mich, wieso dieser läppische eine Tag den Unterschied machte.

Vor drei Jahren saß ich im Flugzeug neben einer Kinderärztin, die mir dann endlich die medizinische Erklärung für den von mir beobachteten Effekt gab, die anatomische, logische Erklärung für die 28-Tage-Regel. Sie sagte: »Das hat mit der ewigen Balance zwischen Schmerz und Freude zu tun. Stell dir vor, du stellst den Wecker am Vorabend auf 5:00 Uhr anstatt auf 5:30 Uhr. Den Wecker stellen kannst du erst mal, weil der Schmerz noch weit weg liegt. Dann klingelt morgens um fünf der Wecker. Du schaust aus dem Fenster und stellst fest, dass es leider **nicht** regnet. Offensichtlich hättest du gerne eine Ausrede gehabt. Dein Körper hat sich gegen die Entscheidung, morgens um fünf zu laufen, gewehrt. Der Körper wehrt sich gegen fast alle Änderungen im Leben. Das »Raus aus der Komfortzone« ist meistens schwer. Änderungen waren in unserer Höhlenzeit mit großen Risiken verbunden, deshalb hat die Natur eine Abwehrhaltung gegen jegliche Veränderungen eingebaut. Medizinisch hat das mit der Nebennierenrinde zu tun. Morgens um fünf, wenn der Wecker klingelt, sendet die Nebennierenrinde ein Hormon an das Gehirn mit der Information: Du hast keine Lust zu laufen! Das Gehirn sagt aber: Ich laufe trotzdem! Die Nebennierenrinde wurde überstimmt und sie hat das negative Hormon umsonst ausgeschüttet. Am nächsten Tag das gleiche Spiel. Nebennierenrinde sagt: Keine Lust. Das Gehirn: Ich lauf trotzdem. Wieder war es kein Erfolg für die Nebennierenrinde. Langfristig macht die Natur aber nichts, was keinen Erfolg bringt. In diesem Fall versucht die Nebennierenrinde 28 Tage lang, das Gehirn durch das (messbare!) Hormon umzustimmen. Nach 28 Tagen stellt die Nebennierenrinde dann aber wegen Erfolglosigkeit das Aussenden des negativen Botenstoffes ein. Der innere Schweinehund ist überwunden. So wird auch klar, warum die Menschen scheitern, die auch nur einen einzigen Tag Ausnahme gelten lassen. Wer am 17. Tag nur zwei Stunden geschlafen hat, weil es eine tolle Party am Vorabend gab und der Regen passend dazu waagerecht von vorne kommt und dann morgens um fünf sagt: ‚Heute nun wirklich nicht!', da hat die Nebennierenrinde einen Erfolg verbuchen können und dieser Tag ist der Startpunkt von wiederum 28 Tagen.«

Diese Erklärung der leider unbekannten Kinderärztin finde ich toll. Und wenn es sich im Körper nicht exakt so abspielt, dann will ich es gar nicht wissen.

Jeder erwachsene Mensch hat die 28-Tage-Regel bereits erfolgreich angewandt. Wissen Sie wo? Beim Zähneputzen. Das haben Sie irgendwann einmal 28 Tage täglich ohne Ausnahme getan und jetzt ist es selbstverständlich. Oder kostet es Sie Überwindung, es zu tun? Wahrscheinlich nicht. Die 28-Tage-Regel funktioniert auch beim Aufstehen. Wenn man 28 Tage lang (auch am Wochenende) sofort nach dem Weckerklingeln aufsteht, dann ist es normal geworden. Wer 28 Tage hintereinander drei Liter Wasser trinkt, muss anschließend nicht mehr über das Trinken nachdenken. Dann hat man automatisch immer eine Wasserflasche dabei. In den ersten vier Wochen hat es mit dem Kopf zu tun und man muss das Trinken organisieren. Danach ist der Schweinehund überwunden. Auch der ideale Zustand des Schreibtisches an 28 aufeinanderfolgenden Tagen sorgt für ein immer ordentliches Büro.

Es gibt aber auch Beispiele, wo es nicht funktioniert: beim Rauchen und bei Alkoholkonsum, zumindest wenn eine Abhängigkeit besteht. Wenn Alkoholiker 28 Tage trocken sind, ist nicht anschließend ein Glas Wein erlaubt.

Die 28-Tage-Regel ist nach meiner Erfahrung wirklich einen Versuch wert. Die meisten Untrainierten in meinem Umfeld, die zu Sportlern wurden, haben es durch die 28-Tage-Regel geschafft. 28 Tage sind so schnell um und dann ist auch mal wieder eine Ausnahme erlaubt, und Sie laufen nur noch fünfmal in der Woche.

Das Prinzip der kleinen Schritte
Bei Schweinehunden, die neben der Überwindung auch noch viel Aufwand bedeuten, wie es bei regelmäßigem Sport definitiv der Fall ist, ist das Prinzip der kleinen Schritte eine gute Hilfe. Sie kennen bereits die Eine-Minuten-Technik beim Laufen (falls nicht, siehe Kapitel »Das Brainrunning-Laufprogramm«). Dabei geht es einerseits um die körperliche Seite, denn viele Menschen sind mit 30 Minuten Sport täglich überfordert und eine Überforderung kann schädlich sein. Andererseits geht es auch um das Zeitmanagement, denn man muss es auch schaffen, den regelmäßigen Sport in den Alltag einzubauen. Da ist eine Minute anfangs keine wirkliche Hürde. Zwei Minuten und drei Minuten sind auch noch kein Problem und nach einer Woche und sieben Minuten hat viele bereits der Ehrgeiz gepackt. In Bezug auf das Laufen habe ich keine persönliche Erfahrung mit dem Prinzip der kleinen Schritte, weil ich ja schon 17 Jahre aus sportlicher Sicht gelaufen war, bevor ich auf fünfmal wöchentliches Laufen aus gesundheitlicher Sicht umgestellt hatte. Trotzdem habe ich dieses Prinzip ausprobiert. Nachdem ich keine Landwirtschaft mehr hatte, wurden meine Muskeln im Oberkörper schwächer und ich hatte keinen Waschbrettbauch mehr. Nun ja, ich hatte ihn eigentlich schon noch, aber er war von drei Zentimeter Fett verdeckt. Das ärgerte mich. Weihnachten 2006 beschloss ich, es zu ändern. Dazu muss man wissen, dass ich zu Hause einige Fitnessgeräte inklusive Hantelbank und Bauchtrainer habe. Nur jedes Mal, wenn ich die Hantelbank benutze, musste ich erst einmal die Spinnweben wegräumen. Das Equipment war angeschafft, aber ohne regelmäßige Benutzung brachte es eben leider nichts. Der Aufwand schien zu groß zu sein, also musste ich nach der Speerspitze suchen. Ich fing am ersten Januar 2007 an, einen Liegestütz zu machen. Am zweiten Januar zwei usw. Meine Liegestütze machte ich täglich bis zum Juli, und zwar täglich einen mehr – mit 16 Jahren konnte ich 150 Liegestütze am Stück! Diese zum Schluss 150 Liegestütze musste

ich auf drei Portionen aufteilen. Und im Juli scheiterte ich, obwohl ich es bis dahin gut durchgehalten hatte und auch schon etwas »zu sehen« war. Kein Wunder, denn schließlich hatte ich in der letzten Juniwoche über 1000 Liegestütz gemacht. Nur hatte ich mir kein Endziel gesetzt. Das war der Fehler. Deshalb hat mein Unterbewusstsein mich scheitern lassen.

Machen Sie den Fehler bitte nicht. 30 Minuten, jeden Tag eine Minute mehr und dann ist erst mal Schluss, ohne das Laufpensum weiter zu steigern.

Diese Tricks:
- 72-Stunden-Regel,
- 28-Tage-Regel,
- Prinzip der kleinen Schritte

können Sie in Ihre Strategie, in den Plan einbauen. Und wenn Strategie Nummer 1 nicht funktioniert, probieren Sie eben Nummer 2. Laufen haben Sie als Kleinkind auch nicht an einem Tag gelernt. Sie haben es hundertmal probiert und irgendwann hat es geklappt.

Die Belohnung

Was gibt es Schöneres, als sich nach erreichtem Ziel eine Belohnung zu gönnen? Natürlich sollte diese nicht kontraproduktiv sein, nach dem Motto: das erste Kilo abgenommen, dann darf ich mal wieder zu Mc Donald's. Für die Motivation ist es klasse, wenn man sich überlegt, was man sich gönnen wird, wenn das Ziel erreicht ist. Und zwar bevor Sie den ersten Schritt tun. Vielleicht können Sie durch die Belohnung sogar eine Unterstützung durch andere herbeiführen: Wenn ich fünf Kilo abgenommen habe, dann gönnen wir uns ein Wellnesswochenende in einem schönen Hotel. Dann versucht der Partner wahrscheinlich auch, positiv und motivierend auf Sie einzuwirken, wenn so eine schöne Belohnung winkt.

Aber auch der erste sichtbare Schritt sollte bereits belohnt werden. Fragen Sie sich, was Sie sich nach dem ersten Kilo gönnen. Nach dem Erreichen des endgültigen Zieles darf die Belohnung dann etwas üppiger ausfallen, selbstverständlich ohne Ihnen finanziell das Genick zu brechen.

Ansonsten gilt schon: Je ambitionierter das Ziel ist, desto größer darf auch die Belohnung ausfallen.

Eine andere Art Belohnung haben Sie ja eh schon dadurch, dass die »Warum« (Kapitel »Entscheidung«) eingetreten sind.

Vor zwei Jahren hatte ich einen Seminarteilnehmer, der zu mir etwas sagte, was mir sehr zu denken gegeben hat und mich motiviert, wenn nichts mehr hilft. «Was redest du über Motivationstricks und den inneren Schweinehund beim Sport? Du kannst doch jeden Tag dankbar sein, dass du in der Lage bist, 30 Minuten laufen zu können. Mein Sohn hat MS und würde alles dafür geben, Sport machen zu können!«

Wenn der Regen von vorne kommt und Sie heute gar keine Lust haben, machen Sie sich ruhig bewusst, wie viele Menschen sich wünschen, heute in Ihrer Situation zu sein, und sofort mit Ihnen tauschen würden. Es ist ein tolles Gefühl, den Stolz und die Zufriedenheit zu spüren, wenn man es trotz Dunkelheit und schlechtem Wetter getan hat. Danach fühlt man sich richtig gut. Bei 20 °C und Sonne kann es jeder, aber bei miesen Bedingungen dürfen Sie sich ruhig etwas darauf einbilden, sich überwunden zu haben. Irgendwann werden Sie dann so weit sein, dass Sie auch bei Dunkelheit abends laufen. Sie müssen im Wohngebiet laufen, weil es dort beleuchtet ist, 2 °C und Nieselregen und Sie schauen in die beleuchteten Fenster. Vielleicht sehen Sie jemanden, der vor dem Fernseher sitzt, eine raucht, die Beine hochgelegt und noch eine Tüte Chips dabei hat. Wenn Sie jetzt denken, tust du mir leid, dann haben Sie es geschafft.

Das Brainrunning-Laufprogramm

Aus den vielen Informationen, die ich aus Büchern, Seminaren und vor allem aus eigener Erfahrung gesammelt habe, habe ich ein Laufprogramm entwickelt. Natürlich habe ich dabei das Rad nicht neu erfunden, aber einige Punkte sind dabei, die die Umsetzung wahrscheinlich machen. Ich habe versucht, möglichst viele Elemente einzubauen, die für die Motivation und Selbstdisziplin wichtig sind.

Die Entscheidung
Am Anfang steht die Entscheidung, wirklich etwas verändern zu wollen. Diese Entscheidung hat meistens einen speziellen Auslöser. Mögliche Auslöser können sein:

- plötzliche gesundheitliche Ereignisse (oft wenig erfreuliche) bei sich selbst oder im näheren Umfeld
- Motivation durch einen Freund oder eine Freundin
- Motivation durch ein Buch oder Seminar
- »Verschreibung« durch einen Arzt (Da stehen wir noch ganz am Anfang, aber es gibt schon viele Untersuchungen, wonach Herz-Kreislauf-Erkrankungen, Diabetes und sogar Rückenleiden wesentlich effektiver mit Bewegung zu therapieren sind als durch Medikamente. Nicht nur zum Vorbeugen, das weiß mittlerweile fast jeder, nein als Behandlungsmethode!).

Jede Entscheidung im Leben zieht Konsequenzen nach sich, positive wie negative. Keine Entscheidung ist auch eine Entscheidung. Wenn Sie sich sagen: »Ich habe zehn Jahre gebraucht, um mich zu entscheiden, endlich wieder regelmäßig Sport zu treiben«, haben Sie sich zehn Jahre lang gegen Sport entschieden. Die Entscheidung, mit dem Laufen zu beginnen, hat ein gesünderes, längeres und erfolgreicheres Leben zur Folge. Aber sie hat auch ihren Preis, denn sonst täte es jeder. Wenn Porsche fahren nichts kosten würde, täte es auch (fast) jeder. Dann wäre das Porschefahren aber auch nicht mehr ganz so aufregend.

Also, der Preis, den ich für die Umsetzung dieses Laufprogramms in den ersten vier bis sechs Wochen bereit sein muss zu bezahlen, ist: jeden Tag laufen. Ohne Ausnahme, bei Wind und Wetter. Das kostet Zeit und greift in den Tagesablauf ein. Meistens betrifft es auch andere Menschen. Wer Familie hat, muss unweigerlich der Familie von der Entscheidung berichten. Es ist sehr wichtig, sich die Unterstützung der Familie zu holen. Nur sehr selten werden der Partner oder die Kinder etwas gegen den Vorsatz haben, gesünder zu werden und länger zu leben. Dann muss die Familie aber auch mit den Konsequenzen leben und die Aktivitäten im Kreise der Familie zu Gunsten des Laufens um 30 Minuten verschieben. Wenn alle Beteiligten das Problem kennen, ist es leicht zu umschiffen.

Viel wichtiger als die Probleme mit dem Tagesablauf der Familie ist die Unterstützung, die Sie durch Ihre Familie bekommen. Wenn Sie Motivationsprobleme haben, sprechen Sie diese offen an und finden Sie eine gemeinsame Belohnung, wenn Sie durchhalten. In sehr vielen Fällen werden Sie nicht das einzige Familienmitglied bleiben, das läuft.

Falls Sie vom Laufvirus infiziert sind, appelliere ich an Ihre Vernunft, mit Kindern behutsam umzugehen. Nicht, weil Kinder nicht so belastbar sind, im Gegenteil. Kinder werden sehr schnell richtig gute Läufer. Aber Kinder sind selten so ehrgeizig wie ihre Väter. Da kenne ich leider einige Beispiele, wie Kinder dazu missbraucht werden, mit den gewonnenen Preisen das angekratzte Ego der Väter aufzupolieren. Kinder sind von Natur aus motivierter als die meisten Erwachsenen, zumindest wenn die Eltern den Kindern vorgelebt haben, wie Motivation aussieht. Wenn Sie der Motivation der Kinder nachhelfen müssen, dann tun Sie nichts Gutes. Das ist zumindest meine Meinung.

Wenn Sie die Entscheidung getroffen haben, jetzt Ihre Laufkarriere zu starten, dann starten Sie sofort. Am besten noch heute. Die Statistik der Psychologen sagt, dass der erste Schritt nach der Entscheidung innerhalb von 72 Stunden getan werden muss. Wenn Sie sich sagen: »In zehn Tagen fange ich an«, dann wird es zu 99 % nichts mehr. Das Gehirn braucht sehr schnell den Beweis, dass Sie es ernst meinen.

Der erste Tag für Anfänger
Die nächsten Sätze sind speziell für absolute Laufanfänger, die »Fortgeschrittenen« müssen noch etwas Geduld haben.

Sie haben sich entschieden? Herzlichen Glückwunsch! Im Augenblick müssen Sie noch niemandem davon erzählen. Das können Sie heute Abend machen oder morgen. Falls Sie das Glück haben und noch nie gelaufen sind und es jetzt einmal versuchen wollen, beneide ich Sie um den tollen Erfolg, den Sie in den nächsten Wochen verspüren werden. Und den ersten Schritt zum Erfolg machen Sie jetzt. Er dauert eine Minute und ist der wichtigste überhaupt:

**Ziehen Sie die Schuhe aus,
stehen Sie auf und sehen Sie auf die Uhr.
Jetzt laufen Sie eine Minute auf der Stelle!**

So, der erste Schritt ist gemacht. Was taten Sie soeben?

- Sie liefen schonend für Knie und Rücken, nämlich auf den Ballen. (Was nicht heißen soll, dass Sie jetzt immer nur auf dem Vorfuß laufen werden.)
- Sie gewöhnten Ihre Gelenke an die Belastung Ihres zukünftigen Lebens als Läufer.
- Sie haben den ersten Trainingstag hinter sich gebracht und es geschafft.
- Sie haben den inneren Schweinehund überrascht. Bevor er wach wurde, waren Sie schon fertig mit dem Training!

Einige werden jetzt vielleicht denken: »So ein Blödsinn! Das hat doch nichts für meine Gesundheit gebracht.« Hat es auch nicht. Wenn Sie sich zusammengerissen hätten, hätten Sie vielleicht schon 20 Minuten durch den Wald laufen können. Mit welchem Erfolg?

- Morgen haben Sie das Gefühl, ein Panzer ist über Ihre Beine gefahren.
- Morgen wird das Laufen mit dem Panzer sehr schwerfallen.
- Wenn Sie trotzdem eisern durchhalten, haben Sie nach zwei Monaten bleibende Knieschäden.

Das muss nicht so sein, diese Beispiele gab es aber schon.

Zurück zu den Ein-Minuten-Läufern. Morgen laufen Sie zwei Minuten, übermorgen drei und so weiter (natürlich jetzt auch gerne mit Laufschuhen). Jeden Tag eine Minute mehr. Anfangs eine Minute auf der Stelle, dann langsam loslaufen. Nach der ersten Woche kann man auch daran denken, das Haus zu verlassen. Wenn Ihr Nachbar Sie dann das erste Mal sieht und Sie fragt, was in Sie gefahren sei, sagen Sie: »Ich bin jetzt auch Läufer. In der letzten Woche bin ich sieben Mal gelaufen. Heute ist der achte Tag!« Noch Fragen?

Die Lauftechnik, die Atmung und was es sonst noch zu bedenken gibt, kommt an anderer Stelle in diesem Buch. Das Wichtigste ist erst einmal, langsam anzufangen. Wenn Sie genau das machen, was ich eben beschrieben habe, werden Sie selbst bei Übergewicht zum Läufer werden. Bei bestehenden Knie- oder Rückenschäden kann natürlich nur ein Arzt entscheiden, ob Laufen möglich ist. Aber aufgepasst! Ärzte wissen auch nicht alles. Unter den Ärzten gibt es Lauffanatiker und Laufgegner. Der Mittelweg ist optimal.

Das Prinzip der extrem kleinen Schritte ist nicht zu unterschätzen. Dabei ist es doch so simpel. Der Körper balanciert ständig aus: Was kostet es mich und was habe ich davon? Das ist wieder die Balance aus Schmerz und Freude. Stellen Sie sich vor, jemand fällt die Entscheidung, ab heute Sport zu machen. Ab geht es ins Fitnessstudio. Gerade habe ich von einem Fitnesstrainer gehört, dass Neue nach dem Jahreswechsel im Fitnessstudio im Januar noch zwei- bis dreimal die Woche trainieren, im Februar noch einmal die Woche und 50 % kommen ab März gar nicht mehr. Sie haben sich also für Sport entschieden und gehen ins Studio. Nur leider liegt die Freude für den Körper noch weit weg. Kurzfristig haben Sie gar nichts davon. Im Gegenteil. Morgen müssen Sie vielleicht die Treppe rückwärts runter, weil Sie Muskelkater haben. Was passiert im Gehirn und im Bauch, die gemeinsam Entscheidungen treffen? Die Freude liegt noch weit weg, aber die Unbequemlichkeit, den Schmerz, haben Sie sofort. Also fällt die Entscheidung dann doch gegen den Sport. Dieses Verhältnis ist durch die eine Minute Laufen verändert. Auf der Habenseite (Freude) haben Sie zwar fast nichts, denn der Körper ist durch die eine Minute Laufen noch nicht fitter geworden, aber auf der Sollseite (Schmerz) haben sie ebenfalls nichts, weil der Körper diese eine Minute nicht als störend empfand. Der Körper hat gegen diese eine Minute keine Abwehrreaktion erzeugt. Er wird morgen nicht sagen: »Jetzt doch nicht schon wieder Sport!«

Und dann die zwei Minuten, dann drei und so weiter. Die meisten Deutschen packt nach einer Woche täglichen Laufens der Ehrgeiz.

Technisch ist für den ersten Tag dann nur noch entscheidend, dass Sie bereits Ihr Trainingstagebuch beginnen und den Erfolg »heute gelaufen« sichtbar machen. Eventuell ist es nur ein Kreuz im Kalender, aber machen Sie es sichtbar. Das ist psychologisch ganz wichtig.

Der erste Tag für fortgeschrittene Läufer
Sie »dürfen« nach meiner Definition gleich mit 30 Minuten beginnen, wenn Sie folgende drei Fragen mit Nein beantworten und die vierte mit Ja:

- Sind Sie älter als 50 Jahre?
  Aus Sicherheitsgründen ist es anzuraten, langsam anzufangen, wenn man keine 18 mehr ist. Die Knochen und Gelenke sind eben nicht mehr ganz so belastbar. Da gibt es zwar Ausnahmen, aber ich will es hier nicht zu kompliziert machen.
- Wiegen Sie mehr als: Körpergröße in Zentimeter minus 100?
  Wer Übergewicht hat, muss auch etwas vorsichtiger sein.
- Haben Sie in den letzten fünf Jahren Rückenschmerzen oder Probleme mit dem Bewegungsapparat (von der Hüfte abwärts) gehabt?
  Wer Vorschädigungen hat, muss besonders schonend anfangen.

Jetzt die vierte, die größte Hürde:

- Haben Sie in den letzten drei Monaten mindestens dreimal die Woche für mindestens eine Stunde Sport gemacht, egal welchen? Angeln und Schach zählen hier nicht. Ist der Körper es nicht gewohnt, auf höherer Drehzahl zu laufen, muss man auch langsam anfangen.

Bei dieser Definition von »Fortgeschrittenen« ist natürlich ein großer Risikopuffer eingebaut. Falls Sie zu den Fortgeschrittenen gehören, fangen Sie heute an, 30 Minuten zu laufen. Dabei laufen Sie so schnell, dass Sie nach den 30 Minuten die gleiche Strecke in der gleichen Zeit sofort noch mal laufen könnten. Dann haben Sie sich nicht überfordert. Schreiben Sie gleich nach dem Lauf auf, dass Sie heute gelaufen sind, also führen Sie ein Trainingstagebuch. Das ist für die Motivation ganz entscheidend.

Dann laufen Sie jeden Tag 30 Minuten, 28 Tage lang. Warum diese 28 Tage so entscheidend sind, ist im Kapitel »Der innere Schweinehund« genau erläutert.

Die erste Woche
In der ersten Woche halte ich es für sehr wichtig, dass Sie die Verbesserung der Gesundheit festhalten und überprüfbar machen. Was eignet sich dazu besser als das Blut. Die Blutwerte lügen nicht. Idealerweise gehen Sie zum Arzt und lassen ein Blutbild mit allen Werten machen. Einmal im Jahr zahlt das die Krankenkasse, soviel ich weiß. Falls Ihnen der Aufwand zu groß ist, gehen Sie in die Apotheke und fragen nach einem Gesamtcholesterinschnelltest. Das Gerät und die Teststreifen dafür sind in jeder Apotheke vorhanden. Der Test kostet circa 3,- Euro und einen Tropfen Blut. Damit wissen Sie noch nicht, wie es mit Ihrer Gesundheit bestellt ist, aber Sie haben einen objektiven Parameter, an dem Sie die Veränderung messbar machen können.

Meine liebsten Seminarteilnehmer sind diejenigen, die Gesamtcholesterinwerte zwischen 200 und 250 haben. Da ist keine Panik angebracht, aber die Werte sind so durchschnittlich, dass noch viel Luft nach unten ist. Wer nur 160 hat, dem kann man keine Verbesserung garantieren, weil bei 150 die Skala des Schnelltests endet. In einem kompletten Blutbild, das der Arzt erstellt hat, sind eigentlich immer positive Veränderungen sichtbar, weil man hier 40 Parameter zur Auswahl hat.

Gerade für Menschen, die mit dem Laufen beginnen und vorher sehr wenig Bewegung hatten, ist ein Vergleich der Blutwerte sehr wichtig. Das bewirkt eine ungeheure Motivation und vor allem sind die Erfolge nach vier bis sechs Wochen bereits sichtbar. Wer erst nach acht Wochen Laufen das Blut analysiert, hat die größten Veränderungen bereits hinter sich. Wenn Sie nur den Gesamtcholesterinwert als Parameter haben, verändert der sich mit 80 %iger Sicherheit positiv. Es sei denn, er war schon sehr gut. Zu 20 % sind Vorgänge im Körper dafür verantwortlich, dass der Wert sich auch mit Sport nicht ändert. Diese kann ich als Laie nicht erklären. Mittlerweile weiß ich, dass die Cholesterinwerte während einer Schwangerschaft sich stark verändern. In dieser Zeit kann der Gesamtcholesterinwert fast doppelt so hoch sein (über 300) und geht nach der Schwangerschaft auch ohne Sport wieder auf das normale Maß zurück.

Nach einer Woche wird es dann Zeit, regelmäßig im richtigen Puls zu laufen. Auch die »Ein-Minuten-Läufer« sind ja mittlerweile bei acht Minuten angekommen und sollten eine Überforderung, aber auch eine

Unterforderung vermeiden. Deshalb muss eine Pulsuhr her. Dafür gibt es ein extra Kapitel.

Nun fehlt noch das richtige Equipment. Damit meine ich hauptsächlich gute Laufschuhe. Falls Sie unter 60 Kilogramm wiegen und noch nie Probleme mit dem Bewegungsapparat hatten, können Sie Laufschuhe zur Not ohne große Beratung kaufen. Aber sinnvoller ist eine Laufanalyse in einem Fachgeschäft. Informieren Sie sich darüber bei Freunden oder im Internet, wo es so etwas gibt, und melden Sie sich dann im Laden an, damit die kompetente Beratungsperson dann auch da ist. 30 Minuten Zeit sollten Sie für den Laufschuhkauf schon einplanen. Wenn Sie zum ersten Mal richtig gute Laufschuhe, die bis zu 180,- Euro kosten können, anhaben, laufen Sie wie auf Wolken. Wenn leichte Beschwerden im Knie oder der Hüfte eine Fußfehlstellung zur Ursache haben, können diese mit den richtigen Schuhen weg sein. Manchmal helfen auch Einlagen, die man natürlich nicht im Sportgeschäft bekommt. Dazu befragen Sie am besten einen Sportmediziner.

Funktionswäsche ist kein Muss wie die Laufschuhe, aber gerade im Winter recht sinnvoll. Hierbei ist meine Erfahrung, dass es durchaus lohnen kann, viel Geld auszugeben. Ich habe eine lange Laufhose von Adidas, die 190,- DM gekostet hat. Sie ist warm, leicht, nicht so hauteng wie Tights und fast wasserdicht. Trotzdem ist sie luftdurchlässig und nach dem Waschen nahezu sofort trocken. Nach Auskunft von Adidas wird dieses Material nicht mehr eingesetzt, weil eine Laufhose daraus heute über 200,- Euro kosten würde und deshalb fast unverkäuflich wäre. Für Läufer findet man immer sehr leicht Weihnachtsgeschenke von 5,- Euro für Laufhandschuhe über Kleidung bis zu 200,- Euro bis hin zum Laufband oder Laufseminar für 2000,- Euro.

In der ersten Zeit denken Sie bitte unbedingt daran, die Erfolge sichtbar zu machen. Das Trainingstagebuch sollte also in der ersten Woche jeden Tag ohne Ausnahme einen Eintrag haben. Das ist ganz wichtig.

Nach einem Monat

Wer mit 30 Minuten gestartet ist, der darf jetzt schon auf fünfmal 30 Minuten reduzieren. Die Ein-Minuten-Läufer müssen noch zwei Wochen mehr das tägliche Laufen durchhalten, weil die ersten Tage natürlich für den Körper keinen Effekt hatten. Außerdem hat die Nebennierenrinde in der ersten Woche noch geschlafen, weil sie diese kurzen Laufeinheiten nicht als Änderung des Lebens empfunden hat. Wer mit der Ein-Minuten-Technik gestartet ist, muss leider 42 Tage täglich laufen, um den Schweinehund zu besiegen.

Wenn die vier bzw. sechs Wochen geschafft sind, ist es Zeit für den zweiten Blutcheck. Den Gesamtcholesterinwert können Sie bei mir oder in jeder Apotheke checken lassen. Noch besser ist ein Blutbild beim Arzt. Sollte sich jetzt nichts verändert haben, gibt es mehrere Möglichkeiten:

- Sie waren schon so gut, dass das Optimum bereits erreicht war (selten).
- Sie waren nicht im richtigen Pulsbereich (häufig).
- Sie sind nicht täglich gelaufen (sehr häufig).
- Medizinische oder genetische Zusammenhänge verhindern das Absinken des Gesamtcholesterins (selten).

Jetzt laufen Sie für den Rest Ihres Lebens fünfmal 30 Minuten, wobei Sie das Laufen jederzeit durch 60 Minuten Radfahren, 25 Minuten auf dem Crosstrainer oder durch 20 Minuten Rudern ersetzten können (siehe Kapitel »Andere Sportarten«). Zwei Tage in der Woche hat man frei. Diese freien Tage dürfen aber nicht direkt aufeinanderfolgen, wenn man die Fettverbrennung aufrechterhalten will. Zwei Tage hintereinander ohne »Startschuss« für die Fettverbrennung sind zu viel, die Mitochondrien fahren die Fettenzymproduktion wieder runter.

Nach drei Monaten
Jetzt ist der regelmäßige Sport garantiert keine Eintagsfliege mehr. Das Laufen ist fast schon normal geworden und wahrscheinlich fehlt etwas »ohne«. Außenstehende sprechen jetzt manchmal davon, man sei »süchtig« geworden. Das kann sein. Wenn der Körper täglich seine Streicheleinheiten bekommt, wird er vielleicht tatsächlich süchtig nach dieser liebevollen Behandlung. Eine körperliche Abhängigkeit oder gar ein vergrößertes Sportlerherz bekommt man durch dieses Pensum von 2,5 Stunden Sport in der Woche garantiert nicht.

Wenn Sie sicher sind, dabei zu bleiben, sollten Sie sich das zweite Paar Laufschuhe kaufen. Die meisten Läufer haben Laufschuhe unterschiedlicher Hersteller, damit sich der Fuß nicht zu sehr an einen Schuh gewöhnt. Sie laufen dann zum Beispiel am Montag mit Adidas und am Dienstag mit Asics. Die Investition des zweiten Paares ist nur vorgezogen. Ein Paar Laufschuhe halten meistens nur 1000 km, das ist die Strecke, die man mit fünfmal 30 Minuten mindestens im Jahr zurücklegt. Nach 1000 km lässt die Dämpfung nach. Wenn man bereits Abnutzungserscheinungen an den Sohlen sieht, ist die Dämpfung schon lange Zeit hinüber.

Umgang mit Widrigkeiten
Keine Zeit: Sollten Sie einmal keine Zeit haben, 30 Minuten zu laufen, ist es im Notfall auch möglich, nur 15 Minuten zu laufen, ohne dass die Fettverbrennung zusammenbricht. 15 Minuten Sport hat einen messbaren Effekt für das Herz-Kreislauf-System. Das ist wieder ein Unterschied zum Sport. Wer für einen Marathon trainiert oder seine 10000-Meter-Zeit verbessern möchte, für den lohnt es sich gar nicht erst loszulaufen, wenn man nicht mindestens 30 Minuten Zeit hat. Dieser 15-Minuten-Lauf sollte aber schon die Ausnahme bleiben.

Schlechtes Wetter: Schlechtes Wetter gibt es ja eigentlich nicht, aber in der Praxis ist es nun mal nicht so schön, im November bei Windstärke 8, 3 °C und Nieselregen zu laufen. Dabei ist das Problem aber nur das Loslaufen. Wenn man dann auf der Strecke ist, ist es manchmal sogar witzig, weil einem warm ist und man weiß, dass jeder Autofahrer denkt, man müsste erfrieren. Um die ersten fünf Minuten bis zum Erreichen der Betriebstemperatur zu überstehen, habe ich eine gummierte Regenjacke. Das ist keine atmungsaktive Funktionsjacke für viel Geld, sondern eine ganz billige Regenjacke für 15,- Euro. Die ist komplett regen- und winddicht. Natürlich ist die Jacke nach dem Laufen von innen genauso nass wie von außen, aber man ist beim Loslaufen komplett geschützt. Man läuft wie im Zelt. Ich habe noch keine Funktionsjacke kennengelernt, die komplett wasserdicht ist. Wenn Schweiß rauskommen kann, kann Starkregen auch hereinkommen, denke ich.

Im Winter ist es wichtig, den Kopf komplett mit einer Mütze und nicht nur mit einem Stirnband gegen Wärmeverlust zu schützen. Dann ist es außerdem entscheidender, die Arme bis zum Handgelenk warm zu halten als die Beine. Bei der Tour de France kann man auch die Radfahrer mit den Armstulpen in den Bergen beobachten. Hier geht viel Wärme verloren. Handschuhe gehören für Läufer im Winter ebenfalls unbedingt dazu. Nach 15 Minuten würde man sie nicht mehr brauchen, aber es ist schon netter, mit warmen Händen loszulaufen.

Bis -15 °C ist bei gesunden Menschen das Atmen durch den Mund kein Problem. Wie das bei Asthmatikern ist, dafür befragen Sie am besten einen Arzt, der selber Läufer ist. Grundsätzlich sollten Sie medizinischen Rat zum Thema Laufen nur von laufenden Ärzten einholen. Wenn Sie sich zwischen einem Urlaub in Kalifornien oder Florida zu entscheiden hätten, würden Sie ja auch niemanden befragen, der noch nie in den USA war.

Glätte kann für Läufer sehr unangenehm sein. Hier ist es manchmal ungefährlicher, mit dem Auto in den Wald zu fahren, als auf dem glatten Gehsteig zu rennen. Ich persönlich habe ein Trimmfahrrad, das mir als Alternative bei widrigen Wetterbedingungen dient.

Gesundheitliche Probleme: Eine Erkältung bekommt man eigentlich nicht, wenn man regelmäßig läuft, aber falls doch, ist es für den Verlauf der Erkältung egal, ob man weiterläuft oder das Training für zwei Wochen unterbricht. In der Zeitschrift »Runner's World« war ein Bericht über einen Test aus Amerika abgedruckt, in dem 200 Läufer am selben Tag künstlich infiziert wurden. 100 brachen nach Ausbruch der Erkältung das Training ab und 100 liefen mit etwas reduzierter Geschwindigkeit weiter. Es war kein Unterschied festzustellen. Das gilt jedoch nur für eine normale Erkältung. Bei Fieber gilt ein absolutes Laufverbot, weil man beim Laufen die Körpertemperatur ja noch weiter anhebt, als es das Fieber eh schon tut.

Soweit der Plan, wie man vorgehen könnte, um zum Läufer zu werden. Jetzt folgen noch ein paar technische Dinge zum Laufen.

Was geschieht im Körper?

Das regelmäßige Laufen hat einen ganz klaren Hintergrund. Die genaue Erklärung sollten Sie sich besser von einem Mediziner holen. Trotzdem versuche ich zu beschreiben, was im Körper geschieht, wenn man für die sogenannte Fettverbrennung sorgt.

Um die Fettverbrennung anzukurbeln, spielen drei Dinge im Körper eine große Rolle:

- die Muskeln
- die Mitochondrien
- die Fettenzyme

Der Schlüssel zur effektiven Fettverbrennung ist die Muskulatur. Wer kaum Muskeln hat, hat wenig Platz für Mitochondrien in den Muskeln. Wenige Mitochondrien produzieren nur wenige Fettenzyme, die sich dann auf die Ablagerungen stürzen können. Ein Bodybuilder hat sehr viele Muskeln. Um abzunehmen, ist die Muskulatur sehr wichtig, da hier Energie verbrannt wird. Um saubere Adern zu bekommen, sind aber viele Mitochondrien in den Muskeln wichtig. Große Muskelpakete haben hauptsächlich Schnellkraft. Das sieht man bei den 100-Meter-Läufern. Sie sind schnell und stark, aber nicht extrem ausdauernd. Bodybuilder haben also meistens wenige Mitochondrien in den Muskeln. Langstreckenläufer dagegen haben dünne Muskeln mit sehr vielen Mitochondrien. Für die Fettverbrennung sollte das Ziel sein, viele Mitochondrien zu haben. Wie macht man das? Indem man mit der richtigen Drehzahl 30 Minuten Ausdauersport betreibt. Bei einem zu niedrigen Puls verbraucht der Köper nicht genug Energie, um eine Veranlassung zu haben, neue Kraftwerke (Mitochondrien) aufzubauen. Die Energie für eine zu geringe Belastung bezahlt der Körper aus der Portokasse. Bei einem zu hohen Puls leisten die Mitochondrien Schwerstarbeit und haben keine Energie übrig, um neue Kraftwerke zu bauen. Die gesamte Energie muss in Bewegung umgesetzt werden. Im richtigen Pulsbereich merken die Mitochondrien: »Wir könnten noch ein paar Kraftwerke gebrauchen!«, und es ist auch noch etwas Energie für den Bau übrig, weil die Mitochondrien nicht auf 100 % laufen. Wie überall im Leben ist sowohl eine Unter- als auch eine Überforderung nicht förderlich, am besten ist eine gesunde Balance zwischen beidem. Die Zahl der Mitochondrien kann sich bei regelmäßigem Sport im richtigen Pulsbereich in relativ kurzer Zeit (sechs Wochen) durchaus verzehnfachen.

Der tägliche Reiz durch das 30-minütige Training sorgt dafür, dass die Mitochondrien fleißig Fettenzyme produzieren. Auch dafür ist der richtige Pulsbereich wichtig. Denn wenn man das Herz bis an den Anschlag belastet, braucht der Körper die schnelle Energie, also Kohlehydrate. Weshalb sollten die Mitochondrien Fettenzyme produzieren, wenn gerade fast ausschließlich Kohlehydrate gebraucht werden? Die Fettenzyme werden nur benötigt, um die Fettmoleküle zu knacken. Hat der Körper keinen Fettbedarf, bildet er auch keine Fettenzyme. Also ist kein Rückgang der Ablagerungen in den Adern bei zu schnellem Laufen zu verzeichnen. Das ist kompliziert, aber irgendwie auch logisch. Man braucht also den richtigen Pulsbereich. Die Belastung sollte nicht zu niedrig, aber auch nicht zu hoch sein. Wie man den richtigen Bereich findet, steht im nächsten Kapitel.

Der optimale Pulsbereich

Der ist leider bei jedem Menschen anders. Es gibt zwar Faustformeln, die aber lediglich für den durchschnittlichen Menschen passend sind. Nach meiner Erfahrung ist die Faustformel aus folgender Tabelle nur bei 50 % der Menschen zutreffend. 25 % liegen darüber, 25 % darunter.

Der theoretische Belastungspuls:

Ruhepuls	Alter				
	20 – 39	40 – 49	50 – 59	60 – 70	> 70
Bis 50	140	135	130	125	120
50 – 59	140	135	130	125	120
60 – 69	145	140	135	130	125
70 – 79	145	140	135	130	125
80 – 89	145	140	135	130	125
90 – 100	150	145	140	135	130

Nach Dr. U. Strunz

Ein schönes Beispiel, wie unterschiedlich der Puls bei Menschen mit äußerlich gleicher Vorraussetzung sein kann, sind Lance Armstrong und Jan Ulrich. Beide sind in etwa gleich alt, gleich fit, gleich schwer (einige sagen jetzt: gleich gedopt) und fahren die 3800 km der Tour de France in etwa der gleichen Zeit. Jan Ulrich war meist nur zwei Minuten hinter Lance. Das ist auf 3800 Kilometern zu vernachlässigen. Jan Ulrich hat einen Durchschnittspuls auf der Gesamtstrecke von 145 und Lance Armstrong von 185 Schlägen pro Minute.

Nur zur Sicherheit: Der Puls ist die Anzahl der Herzschläge pro Minute. Dieser ist nicht mit dem Blutdruck zu verwechseln. Jeder Mensch hat einen Ruhepuls zwischen 40 (extrem niedrig, wie es bei Ausdauersportlern der Fall sein kann) und 100. Bei Belastung kann der Puls bis auf den sogenannten Maximalpuls steigen. Dieser kann bei Sportlern bis zu 220 sein. Dazwischen liegt der optimale Bereich von circa 30 Schlägen, in denen das »Beste« für Körper und Gehirn passiert. Kurz gesagt, darf man sich nicht über-, aber auch nicht unterfordern. Beim Laufen überfordern sich Anfänger oft. Beim Nordic Walking oder beim Radfahren ist die Gefahr der Unterforderung größer. Dabei ist eine Unterforderung niemals schädlich, eine Überforderung kann es sehr wohl sein.

Wie geht man jetzt genau vor? Als Erstes braucht man den eigenen Ruhepuls. Den kann man ganz einfach, am Schreibtisch sitzend, selbst messen. Drehen Sie eine Handfläche nach oben. Dann fühlen Sie am Handgelenk mit den drei mittleren Fingern der anderen Hand an der Seite des Daumens durch ganz leichten Druck den Puls. Sie fühlen etwas pochen. Sollen Sie nichts spüren, sind Sie entweder tot oder (was wahrscheinlicher ist) Sie haben die Schlagader verfehlt. Dann fühlen Sie etwas weiter Richtung kleiner Finger. Aber immer ganz nah an der Hand. Von der Hand weg, Richtung Ellenbogen ist der Puls nicht mehr zu spüren. Wenn Sie ihn erwischt haben, schauen Sie auf eine Uhr mit Sekundenzeiger und zählen die Schläge 15 Sekunden lang. Das Ganze mit vier malnehmen, jetzt haben Sie Ihren Ruhepuls. Eigentlich muss man 30 Minuten liegen und im Liegen messen, um den wirklichen Ruhepuls zu ermitteln, aber diese Ungenauigkeit spielt hier keine Rolle.

Die errechnete Zahl, die wahrscheinlich zwischen 50 und 100 liegt, ist die linke Spalte der Tabelle. Nach rechts sind die Spalten nach Alter gestaffelt. Zum Beispiel Ruhepuls 76, Alter 45 bedeutet: 140 ist der theoretische Belastungspuls. Der optimale Pulsbereich fängt 15 Schläge früher an, also bei 125, und hört 15 Schläge höher auf, also bei 155. Zwischen 125 und 155 ist der Bereich, in dem man mit diesen »Daten« am sinnvollsten Sport aus gesundheitlicher Sicht betreibt. Jetzt würde man eine Pulsuhr so einstellen, dass sie die Untergrenze bei 125 hat und bei Werten darunter piept, also vor Unterforderung »warnt«. Als Obergrenze würde man 155 einstellen, so dass man sofort akustisch Bescheid bekommt, wenn man sich überfordert. Die Uhr, also das Herz, merkt die Überforderung sofort. Außer Atem kommt man erst, wenn man bereits fünf Minuten zu schnell war.

Leider gibt diese Tabelle nur die richtigen Werte bei »Normalmenschen« an. Nach meiner Erfahrung fallen 50 % der Erwachsenen in diese Tabelle und 25 % sind jeweils Ausreißer nach oben oder nach unten. Ob die Tabelle auf Sie zutreffend ist, können Sie nur durch Praxis feststellen. Dazu ist ein Pulsmessgerät (siehe Kapitel »Die Pulsuhr«) sehr zu empfehlen. Sie laufen 20 Minuten in einem Tempo, das es erlaubt, von Anfang bis Ende das gleiche Tempo durchzuhalten. Die Pulsuhr hat jetzt den Durchschnittspuls der 20 Minuten errechnet. Nach Ende des Laufens schauen Sie sofort auf die Pulsuhr und merken sich den jetzt aktuellen Puls. Jetzt gehen Sie 200 Meter. Das dauert ungefähr zwei Minuten. Am Ende dieser Abkühlungsphase, also am Ende der 200 Meter, schauen Sie wieder auf den jetzt aktuellen Pulswert. Dieser zweite Wert muss 25 %

unter dem ersten Wert, den Sie 200 Meter früher sofort nach dem Laufen hatten, sein. Nach Beendigung der Laufeinheit sollte sich das Herz bei zwei Minuten (200 Meter) Gehen um 25 % beruhigt (also erholt) haben. Bei Fortgeschrittenen reicht auch eine Erholung von 20 %. Das kann das Herz ab. Bei Anfängern muss man etwas vorsichtiger sein. Hat das Herz sich nach dem »Cool-down« schnell genug erholt, so haben Sie sich in den 20 Minuten Laufen nicht überfordert.

Jetzt kommt der Durchschnittspuls ins Spiel. Wenn die Erholung in Ordnung war, rufen Sie bei Ihrer Pulsuhr den durchschnittlichen Puls der Laufphase ab – Sie haben nach 20 Minuten ja auf Stopp gedrückt, die Abkühlungsphase hat die Uhr nicht eingerechnet. Dieser Durchschnittswert ist der optimale Puls. Zum Durchschnittswert addieren und subtrahieren Sie jeweils 15 Schläge, so erhalten Sie einen Bereich von 30 Pulsschlägen, der für die Zukunft Ihren persönlichen Trainingsbereich darstellt.

Drei Beispiele mit konkreten Werten:
1. Der Puls am Ende der Laufstrecke ist 155. Nach der Abkühlungsphase ist der Puls 120. Die Absenkung beträgt 35 Schläge, das sind 22,6 % von 155. Wenn ein Anfänger diese Werte hat, hat das Laufen in etwas zu hoher Intensität stattgefunden. Mit diesem Wissen ruft man jetzt den Durchschnittspuls, den die Pulsuhr gespeichert hat, ab. Angenommen, der durchschnittliche Puls war 145 (Der Puls kann am Ende des Laufens trotzdem bei 155 gewesen sein!), so waren die 145 im Schnitt etwas viel. Für den nächsten Lauf peile ich 140 im Schnitt an. Jetzt kann ich die Grenzwerte der Pulsuhr einstellen: Obergrenze bei 155 (optimaler Durchschnittspuls plus 15) und die Untergrenze bei 125 (optimaler Durchschnittspuls minus 15).
2. Nach Laufende 170, nach Abkühlungsphase 135. Status: fortgeschrittener Läufer. Durchschnitt 160. Die 20 % Absenkung sind ausreichend. Der optimale Pulsbereich ist 145 bis 175.
3. Nach Laufende 144, nach Abkühlungsphase 102. Status: Anfänger. Durchschnitt 135. Die Absenkung war mehr als 25 %. Dieser Lauf war eine Unterforderung. Beim nächsten Lauf ist das Ziel, einen Durchschnitt von 140 zu erzielen. Dann kann man am nächsten Tag die Werte überprüfen, ob das Herz sich auch bei 140 im Schnitt noch schnell genug erholt.

Das hört sich alles sehr kompliziert an, deshalb noch mal in einem Satz: Das Herz muss sich nach zwei Minuten Erholungspause um 25 % bzw. 20 % beruhigt haben, dann hat man sich nicht überfordert.

Es gibt auch eine andere, weniger komplizierte, aber auch nicht ganz so genaue Art, das richtige Tempo für sich zu finden. Dies funktioniert aber nur beim Laufen, nicht bei anderen Sportarten. Zählen Sie die Schritte während der Atmung: Wenn Sie jeweils drei Schritte lang ein- und drei Schritte lang wieder ausatmen und diesen Atemrhythmus während des Laufens beibehalten können, dann haben Sie als Anfänger das richtige Tempo. Sollten Sie bei dieser Art zu atmen nicht genug Luft bekommen, sind Sie zu schnell. Wer ganz kleine Schritte macht, bei dem kann auch »vier ein, vier aus« richtig sein. Für Fortgeschrittene ist das etwas zu langsam. In den ersten fünf Minuten läuft man als Fortgeschrittener ebenfalls »drei, drei«, bis man richtig warm ist. Dann steigert man ganz langsam das Lauftempo, bis man »drei, drei« nicht mehr schafft und zwei Schritte ein- und drei Schritte ausatmen muss. Jetzt nicht mehr schneller werden! An der Schwelle von 3/3 zu 2/3 ist das richtige Tempo für Fortgeschrittene. Natürlich nur für die Gesundheit. Wer Bestzeiten anstrebt, muss sich auch mal quälen.

Bei der 2/3-Atmung bekommt man mehr Luft, obwohl man kürzer einatmet, eigentlich unlogisch. Der Grund ist die Konzentration auf das Ausatmen. Bei allen Ausdauersportarten ist das Ausatmen das Entscheidende. Im Büro sitzend bleiben bei »normalen« Menschen 40 % der verbrauchten Luft in den Lungen. Durch die Konzentration auf das Ausatmen wird dieser Anteil erheblich verkleinert. Ist die Lunge durch das intensive Ausatmen ziemlich leer, muss man quasi nur noch den Mund aufmachen, die frische Luft strömt von ganz alleine in die Lungen. Diese Atmung funktioniert aber nur durch den Mund. Die Atemwege der Nase sind dafür zu eng. Die Zeiten sind vorbei, in denen die Sportlehrer sagten: »Atme durch die Nase, dann bekommst du keine Seitenstiche.« Da könnte man Autofahrern auch sagen: »Klemme die Benzinleitung ab, dann fährst du nicht zu schnell.«

Noch einfacher begrenzt man die Laufintensität, wenn man an den Satz denkt, den viele kennen und oft falsch interpretieren: »Du solltest nur so schnell laufen, dass du dich noch unterhalten könntest.« Der Satz ist genau richtig, aber man sollte es können, jedoch nicht tun! Wer beim Laufen ständig redet, der atmet nicht richtig, weil gleichmäßiges, tiefes Atmen und Reden nun mal nicht gleichzeitig gehen. Wenn Sie schon unbedingt zu zweit laufen wollen, sollte der Fittere reden, der andere nur zuhören.

Wer einen Pulsmesser trägt, achte einmal auf den sofort ansteigenden Puls nach nur drei gesprochenen Sätzen. Dem Körper wird Sauerstoff vorenthalten und das Herz muss diese Stresssituation durch schnelleres Schlagen ausgleichen.

Da ich ein Freund von Zahlen bin, habe ich mir noch eine Tabelle ausgedacht, mit der man die Trainingsintensität auf einer Skala von 1 bis 10 bewerteten kann.

1	wie im Sofa gesessen	Ruhepuls + 5
2	leicht erhöhte Körpertemperatur	
3	leichte Belastung	
4	bequeme Belastung	leichtes Schwitzen
5	belastet, könnte gleiche Strecke noch einmal	richtig für Anfänger
6	könnte gleiche Strecke zur Not noch einmal	richtig für Fortgeschrittene
7	anstrengend	Sportläufer (wenig Fettcal.)
8	sehr anstrengend	
9	fix und fertig, Wettkampftempo	90–95 % HF max.
10	fast tot! Nach rot kommt weiß (Kopf)	HF max.

Die Belastungsintensitäten »5« und »6« sind richtig für das Laufen aus gesundheitlicher Sicht.
Als Anfänger stellen Sie sich nach dem Lauf die Frage: »Könnte ich konditionell sofort die gleiche Strecke in der gleichen Geschwindigkeit noch einmal laufen?« Wenn Sie diese Frage mit Ja beantworten, waren Sie nicht zu schnell. Bei Fortgeschrittenen darf die Antwort sein: »Ja, aber nur wenn ich dafür 1000,- Euro bekäme. Ich würde es aber schaffen.« Ist die Antwort: »Auch für 100000,- Euro, ich würde es nicht schaffen«, dann sind Sie in Level »7« oder höher angekommen. Hier ist man dann im sportlichen Bereich.

Es gibt dann auch noch die Möglichkeit, sich einer medizinischen Leistungsdiagnostik zu unterziehen. Das ist teuer und sehr aufwendig. Die häufigste Methode ist hierbei, den Laktatwert im Blut bei steigender Belastung zu messen. Mit steigendem Puls steigt auch der Laktatwert im Blut. Ist eine bestimmte Laktatschwelle erreicht, ist der dazugehörige Puls das Optimum.

Wie Sie es auch machen, aber tun Sie es! Stellen Sie den für sich optimalen Pulsbereich fest. Denn eine Unterforderung ist Zeitverschwendung. Allerdings nur, wenn Sie das Ziel haben:

- keine Erkältung mehr zu bekommen
- mit weniger Schlaf auszukommen
- bessere Blutwerte zu haben
- mehr Zeit und
- Geld zu haben

Ansonsten ist Laufen nie Zeitverschwendung.

Zu schnell zu laufen, kann schädlich sein, wenn man nicht topfit ist. Der innere Schweinehund ist sehr schwer zu überwinden, wenn ich den Körper täglich quäle. Und die fünf positiven Effekte habe ich auch nicht. Ein Effekt steigt allerdings bei höherer und auch bei zu hoher Intensität: Man nimmt mehr ab. Wer sich anstrengt und quält, verbraucht viel Energie und verändert so die Energiebilanz negativ. Und wenn die Energiebilanz über den Tag negativ ist, nimmt man ab. Ein Minus von 8000 Kilokalorien kostet ein Kilogramm Fett.

Hier ist noch einmal eine Abbildung, die den richtigen Pulsbereich, auch »die Fettverbrennung« genannt, verdeutlicht.

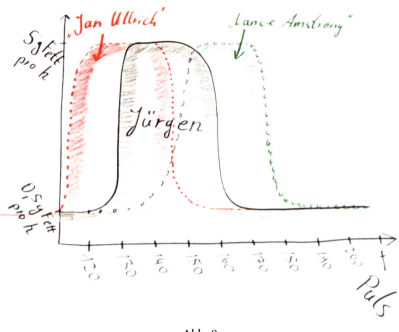

Abb. 8

Jeder Mensch verbrennt immer Fett. Mindestens 0,5 Gramm pro Stunde. Das ist der Erhaltungsbedarf eines Menschen, wenn er ansonsten nichts tut und immer nur Auto fährt und die Rolltreppe benutzt. Der Motor, also das Herz, läuft dann immer nur auf Standgas. Pro Tag verbraucht man so 12 Gramm reines Fett. Leider nimmt ein durchschnittlicher Deutscher täglich rund 100 Gramm Fett zu sich. Es ist also eine Menge Baumaterial für die zugefetteten Adern übrig (Abbildung 6).

Es ist möglich, die Fettverbrennung anzukurbeln und die zehnfache Menge zu verbrennen. Das wären dann fünf Gramm pro Stunde. Es gibt zwei Wege, dahin zu gelangen. Der erste Weg ist: Ausdauersport betreiben für mindestens 45 Minuten. Dann ist jeder Mensch auf dem Level »fünf Gramm pro Stunde«, weil die Kohlehydrate nach 45 Minuten weg sind. Der Körper muss an die Fettreserven ran. Nur, wenn man dann das Trimmrad oder den Stepper wieder verlässt, sinkt die Fettverbrennung leider sehr schnell wieder auf das Erhaltungslevel ab.

Der zweite Weg, und um den geht es in diesem Buch, ist: Man kann den

Körper komplett auf Fettverbrennung programmieren. Dann verbrennt man 24 Stunden am Tag fünf Gramm pro Stunde. Auch beim Schlafen und beim Essen. Nur muss man dem Stoffwechsel dazu den »Auftrag« erteilen. Das macht man, indem man fünfmal pro Woche im richtigen Pulsbereich Sport macht. Das haben Sie ja nun bereits zur Genüge gehört.

Nach drei Monaten mit fünfmal wöchentlich 30 Minuten im richtigen Belastungsbereich hat sich der Stoffwechsel so verändert, dass man für den Rest seines Lebens fünf Gramm pro Stunde verbrennt. Dann sind so viele Mitochondrien in den Muskeln, die alle laufend Fettenzyme produzieren, dass die Fettverbrennung von alleine läuft. Aber nur, solange man an fünf Tagen in der Woche wieder den Körper daran erinnert, dass das Fett auch wirklich gebraucht wird. Jetzt rechnen Sie noch einmal: fünf Gramm pro Stunde mal 24 Stunden, das sind 120 Gramm pro Tag. Also hat man selbst bei normaler, durchschnittlicher Ernährung jeden Tag ein kleines Minus. Das findet seinen Niederschlag, und das war ja unser Ziel, eben auch in den Ablagerungen der Adern. Diese werden langsam wieder sauberer.

In Abbildung 8 ist die mittlere Kurve meine. Ich habe eine Fettverbrennungskurve im oberen Normalbereich. Ich habe aber auch einen relativ hohen Ruhepuls, zumindest für einen Sportler. Familiär bedingt ist auch der Blutdruck etwas höher als beim Durchschnitt. Die Kurven rechts oder links von der Normalkurve sind nicht als »besser« oder »schlechter« zu bewerten, sie sind nur anders.

Wenn Sie also den richtigen Pulsbereich festgestellt haben, ist eine Technik hilfreich, diesen Bereich immer und sicher einzuhalten: die Pulsuhr, auch Herzfrequenzmesser genannt.

Die Pulsuhr

Es gibt sie von 15,- bis 500,- Euro. Eine Pulsuhr besteht aus einem Brustgurt und der Uhr, die man am Handgelenk trägt. Modelle ohne Brustgurt sind in der Entwicklung, haben aber noch eine unzureichende Messgenauigkeit. Den Brustgurt legt man unterhalb der Brust an. Für

Frauen gibt es Sport-BHs, in die man den Brustgurt »einbauen« kann. Bei normaler Oberweite funktioniert es aber auch ohne Sport-BH.

Die nun folgenden Beispiele und Preise sind immer inklusive Brustgurt. Die günstigsten Modelle bekommt man bei Tchibo, Aldi und Co. Da gibt es bereits für 15,- Euro Geräte, mit denen man aufgrund des Preises nichts falsch machen kann. Achten Sie auf vier Leistungsmerkmale:

- durchschnittlicher Puls
- einstellbare Ober- und Untergrenze
- akustisches Signal bei Über- und Unterschreiten
- Licht

Die Markengeräte, zum Beispiel von Ciclo Sport, beginnen bei 40,- Euro. Der Mercedes und gleichzeitig Marktführer unter den Herzfrequenzmessern ist die Firma Polar. Das Besondere ist die Own-Zone-Funktion. Diese Uhren berechnen automatisch den individuellen Pulsbereich und geben an, wie viel Fettkalorien und wie viele Kalorien aus Kohlehydraten verbrannt wurden. Diese Modelle beginnen bei 80,- Euro.

Dann gibt es noch die GPS-Uhren. Da ist Garmin Marktführer. Das Modell 305 kostet 249,- Euro und ist noch etwas klobig, funktioniert aber sehr gut. Der Nachfolger 405 liegt bei fast 400,- Euro, sieht aber schon wie eine normale Uhr aus. Die Preise sind vom Herbst 2008, und neue Technik wird ständig billiger. Die GPS-Uhren sind auf einen Meter genau, funktionieren auch im Wald und haben einen Akku. Die Trainingsinformationen lassen sich natürlich auf den PC übertragen. Die Laufstrecke kann man sich dann über Google Earth ansehen.

Wer sportliche Ziele hat, zum Beispiel 10000 Meter in unter 50 Minuten laufen will, dem ist das Gerät eine große Hilfe, weil es die durchschnittliche Geschwindigkeit anzeigen kann. Man kann jederzeit auf die Uhr schauen, ohne auf Kilometerschilder zu achten, und sieht: 4 Minuten 58 Sekunden pro Kilometer im Schnitt. Folglich bin ich auf Kurs. Bei 5 Minuten 02 Sekunden muss man eben etwas zulegen. Diese Technik bringt Spaß, ist aber nicht notwendig und bringt nur aus sportlicher Sicht einen Zusatznutzen.

Alle Pulsuhren, die ich kenne, sind wasserdicht. Allerdings erlischt die Garantie für die Dichtigkeit, wenn die Batterie der Uhr nicht bei der Firma (einschicken ist nervig!) gewechselt wird.

Den Brustgurt legt man so an, dass er eng sitzt. Das ist Gewöhnungssache. Ich merke den Gurt mittlerweile schon nicht mehr. Bei trockener Haut muss der Gurt eventuell etwas angefeuchtet werden.

Das Einstellen der Ober- und Untergrenze ist natürlich erst dann sinnvoll, wenn Sie die Werte auch kennen. Wie man die Werte mit Hilfe der Pulsuhr findet, ist im Kapitel »Der richtige Pulsbereich« anhand von Beispielen genau beschrieben. Bis dahin stellen Sie auf jeden Fall das akustische Signal aus.

Wenn Sie die Werte haben und die Grenzwerte in die Uhr einprogrammiert sind (dazu braucht man dann schon die Betriebsanleitung), laufen Sie einfach so, dass die Uhr nicht piept. Das hören Sie dann auch im Dunkeln oder wenn Sie die Staaten der Erde wiederholen, ohne auf die Uhr zu schauen.

Beim Laufen ist die Gefahr der Überforderung groß. Wenn es aus diesem Grund piept, reagieren Sie sofort. Das Herz schlägt schon schnell, wenn man es konditionell noch gar nicht bemerkt. Sagen Sie sich: »Den Hügel schaffe ich noch«, dann ist ihre Fettverbrennung bereits zusammengebrochen. Wer sich gerne quälen möchte, darf das gerne tun, aber erst nachdem die 30 Minuten um sind. Anschließend dürfen Sie ruhig mal testen, was rauszuholen ist, sofern Sie kein Anfänger mehr sind.

Nach Beendigung des Laufens rufen Sie die Trainingsinformationen ab, tragen die Zeit, die Strecke und den durchschnittlichen Puls in das Trainingstagebuch ein. So kann man sehr schön den Erfolg messbar machen. Auch wenn die Geschwindigkeit auf der »Strecke zur Kirche« gleich war, ist nach einiger Zeit der durchschnittliche Puls für diese Leistung bestimmt zurückgegangen, also ist das Herz jetzt stärker.

Wer jeden Tag mindestens 75 Minuten läuft, braucht übrigens keine Pulsuhr, weil man dann auf jeden Fall Fett verbrennt. Egal, in welchem Pulsbereich man ist. Die Pulsuhr ist zum Zeitsparen gedacht.

Das Runner's High

Davon gehört hat schon jeder Läufer, aber es ist fast so etwas wie ein Mythos. In einem Tagesseminar bei Laufpapst Ulrich Strunz erzählt Herr Strunz ganz begeistert von dem Kokainkästchen im Bauch, das sich bei ihm täglich öffnet. Dieses Kokainkästchen erwähnt er in jedem dritten Satz und alle Seminarteilnehmer nicken zustimmend. Na ja, denke ich, aber sonst ist alles ganz normal bei mir! Offenbar habe ich kein Kokainkästchen oder es klemmt und lässt sich nicht öffnen. Klartext: Ich hatte damals (2001) nie ein Runner's High gehabt, abgesehen von zwei Minuten bei Kilometer 35 bei zwei Marathonläufen. Und das ist ein »Erschöpfungs-Runner's High« und sicherlich nicht täglich anzustreben.

Das Runner's High, ein Zustand, der am ehesten als extremes Hochgefühl zu beschreiben ist, wird durch die Ausschüttung von Endomorphinen im Körper ausgelöst. Dieser Stoff ist eine körpereigene Droge. Sie ist dazu da, Schmerzen zu überdecken und letzte Energiereserven zu mobilisieren. Am häufigsten tritt das Runner's High bei einem Marathonlauf auf. Am Punkt, wenn der Körper die schnell verfügbare Energie in Form von Kohlehydraten restlos aufgebraucht hat und sich ab jetzt nur noch von Fett ernähren kann. Bei einem Marathonlauf wirken diese Endomorphine circa zwei Minuten. In diesen zwei Minuten hat man den Eindruck, plötzlich viel schneller laufen zu können. Kann man auch, aber eben nur zwei Minuten lang. Typischerweise passiert das bei Kilometer 35. Wenn man dann dem Drang nachgibt und tatsächlich schneller wird, müssen viele mit Seitenstichen oder aus anderen Gründen aufgeben. Denn der Körper sagt: »So, zwei Minuten kriegst du noch mal alles, was ich habe, und dann verlasse ich dich!« Dann ist der eiserne Wille gefragt. Früher, in der Höhlenzeit, war das Runner's High sinnvoll, um nach einer zweistündigen Flucht vor wilden Tieren noch Energie für einen letzten Rettungsversuch zu mobilisieren. Man bekam als Höhlenmensch noch eine zweiminütige Chance, sich auf einen Baum zu retten oder sich dem Jäger im Kampf zu stellen. Für beide Situationen war ein ausgeschaltetes Schmerzempfinden durchaus hilfreich. Nach erfolgreich geschlagener Schlacht sind die Höhlenmenschen dann aber erst mal einen Tag auf dem Baum sitzen geblieben und haben sich erholt. Beim Marathon folgen dann aber noch sieben schmerzhafte Kilometer.

Bei zwei von sieben Marathonläufen hatte ich einen Endomorphin-Kick. Nett zu kennen, aber verdammt schnell vorbei. Ulrich Strunz spricht von etwas ganz anderem. Er meint das Runner's High ohne Erschöpfung. Das kann dann viele Minuten oder sogar Stunden anhalten. Sagt er, glaube ich auch, aber hatte ich eigentlich nie. Dann las ich im Frühjahr das Buch von Joschka Fischer, »Der lange Lauf zu mir selbst«, und darin steht, dass Fischer trotz intensiven Laufens über Jahre nicht weiß, wie sich das Runner's High anfühlt. Dann habe ich etwas mehr Mut gefasst und häufiger Läufer darauf angesprochen. Die Wenigsten kennen es. Das Buch von Joschka Fischer ist übrigens sehr motivierend, leicht zu lesen und sehr zu empfehlen.

Seit sieben Jahren laufe ich nun etwas langsamer als in den ersten 17 Jahren meines Läuferlebens. In diesen sieben Jahren habe ich zweimal ein »gutes« Runner's High gehabt. Interessanterweise bei genau dem gleichen durchschnittlichen Puls von 149 Schlägen. Und auch genau an derselben Stelle meiner 9-km-Laufstrecke bei Kilometer 8,4. Ich kam nach Hause, setzte mich sofort an den PC, weil ich in 4 Minuten 40 neue geniale Ideen für meine damalige Vermarktung hatte. Eine unglaubliche Energie durchströmte mich. Das war wie ein geistiger Orgasmus. Leider habe ich dieses Runner's High erst sehr selten erlebt.

Andere Sportarten

Andere Sportarten eignen sich ebenfalls, um die Fitness des Herzens zu verbessern. Andere Sportarten haben andere Vor- und Nachteile. In folgender Tabelle sind einige Sportarten aufgelistet, von denen ich ungefähr weiß, welche Effektivität sie für die »Fettverbrennung« haben.

Die Spalte »Muskeln« bezieht sich auf die Effektivität der gesamten Muskulatur, die an der Fettverbrennung arbeitet. Beim Schwimmen machen nahezu alle Muskeln mit, aber es bringt für die Fettverbrennung nicht so viel. Gerade beim Schwimmen hat es mich sehr gewundert, als ich die Zahlen sah. Schwimmen ist ansonsten eine sehr gesunde Sportart, bringt aber für die Adern bei gleichem Zeitaufwand sehr viel weniger als zum Beispiel der Crosstrainer.

Mit Aquajogging ist nicht Aquagymnastik gemeint. Aquajogging ist Laufen mit Auftriebsweste in vier Meter tiefem Wasser. Der Zeitbedarf ist auf die Woche bezogen. Der Pulsbereich ist bei allen Sportarten gleich. Nur ist beim Laufen die Gefahr der Überforderung größer, beim Walken und Radfahren ist die Gefahr der Unterforderung größer. Bis man seinen Körper sehr genau kennt, ist deshalb eine Pulsuhr sehr ratsam.

Sportart	Muskeln	Besonderheiten	Zeitbedarf
Rudern	90 %	+ schonend, – Rüstzeit	5 x 20 Min.
Skilanglauf	90 %	Schnee?	5 x 20 Min.
Nordic Walking	80 %	+ Knie, + Rücken, – Erlernen	5 x 25 Min.
Crosstrainer	80 %	+ zeitunabhängig, – Platz	5 x 25 Min.
Aquajogging	80 %	+ schonend, – Schwimmbad	5 x 25 Min.
Laufen	70 %	+ immer und überall, – Knie	5 x 30 Min.
Radfahren	50 %	+ Knie, – teuer, – Wetter	5 x 60 Min.
Schwimmen	30 %	+ schonend, – Schwimmbad	5 x 90 Min.

Das erste Laufevent

Irgendwann werden es die meisten spüren: die unbändige Lust, mal eine Laufveranstaltung mitzumachen. Und zwar als Teilnehmer. Selbst als Zuschauer bekommt man schon sehr viel von der besonderen Atmosphäre eines Volkslaufes oder gar eines Marathons mit. Für einen 10-Kilometer-Lauf sollte man im Training schon mal zehn Kilometer gelaufen sein. Für den ersten Halbmarathon oder Marathon ist es nicht notwendig, die Strecke bereits trainiert zu haben. Für den Halbmarathon reichen 15 Kilometer und für die Marathonstrecke sollte man wissen, wie sich 32 Kilometer anfühlen. Den Rest halten Sie schon durch. Dafür sorgen das Adrenalin und die Zuschauer. Für die großen Strecken muss körperlich aber alles stimmen. Wenn die Knochen nicht mitspielen, hilft auch die Anfeuerung der Zuschauer nicht.

Was macht den Reiz einer Laufveranstaltung aus?

- Lange Vorbereitungszeit, was dem Umfeld nicht verborgen bleibt. Jeder bekommt es mit und fragt nach.
- Alle sind gleich. Ob neben Ihnen ein Bankdirektor oder ein Gärtner steht, wissen Sie nicht.
- Es gibt kaum echte Konkurrenz. Als 5-Minuten-Läufer (auf 1000 Meter) laufen Sie an einem guten Tag nicht plötzlich vier Minuten. Im Fußball gewinnt Pauli auch mal mit Glück gegen Bayern. Laufen hat wenig mit Glück zu tun.
- Sie starten bei einem Marathon (z. B. Hamburg) mit den Besten der Welt in einem Wettbewerb.
- Die Zuschauer bleiben bis zum Schluss, weil die eigenen Angehörigen angefeuert werden, nicht die Besten.
- Alle sind per Du.

Am Abend vor der Veranstaltung steigt die Aufregung. Vielleicht schlafen Sie schlecht. Macht nichts, denn die vorherige Nacht ist viel wichtiger als die direkt vor dem Lauf. Am Morgen wird alles eingepackt, vom Pflaster bis zur Banane. Das Frühstück ist eine Glaubensfrage. Meine Bestzeit über 10000 Meter (38 Minuten) hatte ich nach einem Frühstück aus Kaffee, Nutellatoast und einer Kopfschmerztablette. Dann auf der Veranstaltung scheinen sich alle zu kennen. Niemand redet über Steuern oder die Immobilienkrise. Alles dreht sich nur um das eine Thema.

Dann gehen Sie zum Start. Das Einlaufen hat keinen Spaß gemacht und die Beine kommen einem schwer vor. Am Start steigt der Puls auf 150, wenn man keine codierte Pulsuhr hat sogar auf 235 (der Puls der Nachbarn wird mit erfasst). Dann der Startschuss und los geht es. Ganz locker zuerst, aber meistens viel zu schnell. Die besten Zeiten läuft sowohl ein Anfänger als auch ein Weltrekordler, wenn man die erste Hälfte langsamer als die zweite läuft. Das Adrenalin hilft auf den ersten Kilometern und man kann noch genießen. Aber dann wird es schwer. Überall zwickt es, aber aufgeben kommt nicht infrage. Nach 80 % der Strecke fragen Sie sich, aus welchem Grund Sie sich den Sch… eigentlich antun. Aber dann kommt das Ziel in Sicht. Die letzten Kräfte werden mobilisiert. Und endlich haben Sie es geschafft! Am Ziel Ihres ersten Marathonlaufes werden

Ihnen ziemlich sicher vor Glück die Tränen kommen. Mitläufer, Freunde und Bekannte gratulieren, egal bei welcher Zeit. Jeder hatte seinen eigenen Kampf gegen sich selbst. Ich würde einiges dafür geben, noch mal meinen ersten Marathon laufen zu dürfen!

Brainrunning – Lebensführung und zeitsparende Lerntechnik

Wie kam die Idee zu Brainrunning, die Verbindung von Gedächtnistraining und Laufen, zustande? Gedächtnistraining und Laufen waren meine Hobbys, aber dass das Laufen etwas mit dem Gehirn zu tun hat, habe ich lange Zeit nicht gewusst und auch nicht bemerkt. Ich lief so, wie auch heute noch viele Menschen Sport treiben: möglichst schnell, möglichst viel. Es musste wehtun. Wenn ich mich nicht gequält hatte, hatte es auch nichts gebracht. So war meine damalige Überzeugung.

Am 03.10.1999 war ich einer von 12000 Besuchern in der Köln-Arena auf einem sogenannten »Erfolgstag«. Es gab viele kurze Vorträge unterschiedlicher Referenten (mit Tschaakaa usw.). Einer von ihnen war Ulrich Strunz, der Laufpapst. Er war um 9 Uhr beim Köln-Marathon gestartet und nach 2 Stunden und 45 Minuten angekommen, was in dem Alter von damals 56 Jahren Weltspitze ist. Um 13 Uhr stand er auf der Bühne (75 Minuten nach seiner Zielankunft) und strotzte nur so vor Energie. Er sagte: »Ihr lauft alle viel zu schnell. Wenn ihr langsamer lauft, macht ihr aus eurem Vierzylinder im Kopf einen Zwölfzylinder.« Damit bezog er sich auf Sportler, die sich beim Sport immer quälen. Mit Sicherheit hat er da nicht die Spaziergänger gemeint. Er selbst war natürlich auch den Marathon viel zu schnell gelaufen, nicht im sogenannten Fettverbrennungspuls.

Die Sache mit dem Zwölfzylinder hörte sich für mich sehr interessant an, da ich gerne schnelle Autos mag. Allerdings hielt ich es auch für etwas übertrieben, denn ich hatte bisher lediglich bemerkt, dass man beim Laufen den Kopf freibekommt. Aber ein Zwölfzylinder im Kopf musste doch wesentlich mehr sein. Zumindest fasste ich den Vorsatz, es auszuprobieren.

Ich bin ein relativ leichtgläubiger Mensch und probiere Dinge, für die ich viel Geld bezahle, erst einmal am eigenen Leib aus. Sonst hätte ich mir das viele Geld für das Seminarticket sparen können und den Aufwand für die Fahrt nach Köln ebenfalls. Schon bevor ich es ausprobiert hatte, glaubte ich Strunz die Sache mit dem Zwölfzylinder; man sah es ihm einfach an. Doch er hört auf, nachdem er den Menschen erklärt hat, wie man den Zwölfzylinder im Kopf erzeugt. Und wie schaltet man nun in den fünften Gang, um den Zwölfzylinder auch effektiv zu nutzen?

Gleich darauf kam Gregor Staub mit seinem Vortrag über Gedächtnistraining. Davon war mir nichts neu, den Vortrag hätte ich ebenso gut selbst halten können. Gregor Staub war damals etwas fülliger und machte einen eher gemütlichen Eindruck. Man sah ihm an, dass er nichts mit Laufen am Hut hatte.

Gleich nach der Veranstaltung beschloss ich dann: Diese beiden Dinge bringst du zusammen, wenn es eh schon deine Hobbys sind. So war Brainrunning geboren: eine Technik, wie man beim Laufen im Wald Namen, Zahlen, Daten, Fakten, Witze oder Vokabeln lernt. Dabei nutzt man die Zeit, die man in die körperliche Leistungsfähigkeit investiert, gleichzeitig auch für das Training der geistigen Leistung.

So viel zur Historie. Was hat man jetzt in der Praxis zu tun? Die wichtige Erkenntnis, dass man sich um die körperliche und um die geistige Fitness kümmern muss, ist der eigentliche Kern von Brainrunning. Dabei muss man nicht viel tun. Nach meiner Überzeugung reichen:

1. fünfmal 30 Minuten laufen in der Woche
2. einmal am Tag dem Gehirn eine Aufgabe stellen, die Training darstellt

Das Laufen und die Überwindung des inneren Schweinehunds sind in den entsprechenden Kapiteln ausreichend erklärt. Der zweite Punkt wurde mir mal sehr schön von Lorenz Jensen, meinem früheren Landhandelsvertreter, verdeutlicht. Als ich schon einige Zeit als Gedächtnistrainer tätig war und mein erstes Buch geschrieben hatte, trafen wir uns auf meinem alten Betrieb. Wir redeten über dieses und jenes und wie es uns gegenseitig denn so geht. Dann sagte Lorenz: »Ich bin jetzt beim 68sten!«

Ich fragte: »68sten was?«
»68sten Staat der Erde. Guatemala, die Hauptstadt heißt ebenfalls Guatemala.«
Er hatte vor 68 Tagen mein Buch gelesen und beschlossen, dass er sein Gehirn trainieren will. Also hatte er sich ein Ziel gesetzt, das anscheinend lautete: Ich lerne ab sofort jeden Tag einen Staat der Erde, bis ich alle im Kopf habe.

Nach den SMART-Regeln hatte Lorenz alles richtig gemacht. Es war konkret, messbar, man konnte ihn ja fragen: Hauptstadt von Burkina Faso? Entweder sagte er Ouagadougou oder nicht. Für ihn schien es auch attraktiv zu sein, sonst hätte er sich das kaum vorgenommen. Realistisch war es auch, weil es nur von ihm abhängig war und er jeden Tag mindestens 100 Kilometer mit dem Auto fuhr und so Zeit genug hatte, sich pro Tag eine Eselsbrücke zu bauen. Das »T« für die Termine hatte er ebenfalls beherzigt: Anfang sofort, Ende nach 192 Tagen und das Zwischenziel lautete: einen Staat pro Tag.

Es ist wirklich nicht viel Aufwand, dem Gehirn etwas Gutes zu tun. Lorenz musste jeden Tag eine Eselsbrücke bauen und diese auf einem Platz ablegen. Alle zehn Tage musste er sich noch einen neuen Raum »einrichten«. Die Eselsbrücken sind ja manchmal sehr simpel. Auf Platz 60 stellte er sich einfach den Eiffelturm vor. Das reichte für Frankreich und Paris. Für den 25. Staat brauchte er dann eben ein paar Kilometer, um eine Eselsbrücke für Brunei mit der Hauptstadt Bandar Seri Begawan zu bauen. Ab und zu musste er auch wiederholen, aber wie ich es beim Laufen tue, hatte er dafür die Zeit im Auto, die er ja ohnehin investieren musste. Das Autofahren ging dadurch schließlich nicht langsamer.

Lorenz war damals nicht weit weg von der Rente, aber ich bin sicher, dass er auch nach seiner aktiven Zeit als Handelsvertreter noch geistig topfit bleibt.

Nun zur Technik »Brainrunning«. Manchmal sage ich: »Brainrunning ist eine Technik, wie man sich beim Laufen im Wald Namen, Zahlen, Daten, Fakten, Witze oder Vokabeln merkt.« Dazu braucht man aber zwingend die Raum-Methode, damit Sie nicht mit einem Zettel in der Hand durch den Wald rennen müssen. Die Zeit im Wald nutzen Sie zum:

1. Wiederholen von Fakten, die in das Langzeitgedächtnis müssen
2. Ausdenken neuer Routen
3. Lernen der Major-Liste
4. als Kreativitätsmethode, um Ideen zu finden

Zu 1.

Wenn Sie Informationen langfristig im Langzeitgedächtnis präsent haben wollen, müssen Sie diese nach einer Stunde, einem Tag, einer Woche, einem Monat und nach einem halben Jahr wiederholen. Diese Wiederholungsdurchgänge kann man sehr schön beim Laufen im Wald machen. Wenn Sie das versuchen, werden Sie merken, wie wichtig dabei der optimale Pulsbereich ist. Bei mir ist ein Puls von 145 Schlägen und weniger sehr gut geeignet. Bis 155 ist es noch möglich. Über 155 wird es sehr schwierig, sich zu konzentrieren. Wenn ich einen Wettbewerb laufe und dabei einen Durchschnittspuls von über 180 habe, ist es unmöglich, an etwas anderes als an meinen Körper zu denken oder vielleicht an den Konkurrenten, den ich noch einholen will. Wenn Sie also zum Beispiel die Staaten der Erde oder eine Liste Ihrer 50 wichtigsten Kunden mit der Routen-Methode gelernt haben, sind die Wiederholungsdurchgänge im Wald ohne Zeitverlust möglich. Und vor allem denkt man auch daran. Bei mir ist es fast Routine, dass ich auf den ersten 300 Metern darüber nachdenke, was gerade zum Wiederholen dran ist. In meinem Fall ist es oft die Teilnehmerliste eines Seminars. Wenn ich morgens vor dem Seminar laufe, gehe ich die 25 Teilnehmernamen noch einmal durch. Nadine Brennter ist bisher nur in meinem Zimmer auf einem Platz als die »Nadel im brennenden Teer« verankert. Bei der Vorstellung kann sie dann ruhig nuscheln, solange ich BR…TER verstehe, kann ja nur sie infrage kommen und ich muss die Eselsbrücke lediglich mit der Person verknüpfen.

Die Wiederholung von 25 Namen dauert in etwa drei bis vier Minuten. Siehe Kapitel »Wie man sich 100 Namen merkt«. Den Rest der Zeit laufe ich dann ganz »normal«.

Dafür kann man die Laufzeit nutzen, muss es aber natürlich nicht. Insgesamt sind circa 10 % meiner Laufzeit Brainrunning. Der Rest ist normales Laufen. Vor Gedächtnis-Wettbewerben ist der Prozentsatz etwas erhöht.

Das Wiederholen ist natürlich auch bei anderen Tätigkeiten nebenbei zu realisieren. Lorenz kann auch beim Rasenmähen seine bisher gelernten Staaten wiederholen.

Zu 2.
Die Zeit auf der Laufstrecke eignet sich auch sehr gut dazu, neue Routen im Kopf anzulegen. Das dauert aber etwas länger, weil man es nicht schriftlich machen kann. Ein großer Vorteil ist es da, sich eine Zehner-Einteilung auszudenken. Die ist auch ohne Zettel ganz gut überschaubar. Gerade wenn Sie an speziellen Orten waren, zum Beispiel einen Kurzurlaub gemacht haben, macht es richtig Spaß, sich den Urlaub in Form der Routenpunkte noch einmal vor Augen zu führen. Wir hatten am Dienstag und Mittwoch eine Mini-Kreuzfahrt von Kiel nach Oslo gemacht. Am Donnerstagabend habe ich beim Laufen 100 neue Routenpunkte angelegt: jeweils zehn Punkte auf der Anfahrt von zu Hause zum Parkplatz, Fußweg zum Check-in, vom Check-in bis auf das Schiff, die Kabine, die Einkaufspassage auf dem Schiff, Frühstücksraum, Abendessensraum, Spaßbad, Spielhalle und die markanten Punkte auf der Rückfahrt im Fjord und in der Kieler Förde. Das hat 20 Minuten gedauert. Und am nächsten Tag habe ich die Routenpunkte schriftlich festgehalten. Aber ich konnte sie einfach so runterschreiben und diese Arbeit war in zehn Minuten abgehakt.

Zu 3.
Wer ein wirklich exzellentes Zahlengedächtnis haben will oder muss, kommt um einen Zahlencode wie die Major-Liste kaum herum (siehe Kapitel »Das Zahlengedächtnis«).
Die Major-Liste zu erarbeiten ist das eine, aber sie wirklich schnell im Kopf verfügbar zu haben ist das andere. Ich habe sie beim Laufen gelernt. Gleich nach dem Start zu Hause begann ich, die Liste »aufzusagen«. Anfangs brauchte ich fast drei Kilometer, um alle 80 neu zu lernenden Major-Begriffe aufzusagen. Die Major-Liste besteht eigentlich aus 100 Begriffen, aber weil ich die Baumliste bereits fest im Kopf hatte, setzte die Major-Liste erst bei 21 ein. Nach einem halben Jahr Training brauchte ich nur noch 300 Meter. Parallel zu meinen Wiederholungsdurchgängen im Wald habe ich die Liste auch benutzt. Sowohl im Alltag als auch für den

Gedächtnissport. Wenn man die Zahl 22 hört und praktisch zeitgleich die »Nonne« im Kopf hat, dann ist das Ziel erreicht.

Zu 4.

»Laufen als Kreativitätstechnik« ist im Jahre 2006 einmal in der Zeitschrift »Psychologie heute« vorgestellt worden. Was kann man sich darunter vorstellen? Jeder Läufer bekommt beim Laufen den Kopf frei. Das ist sogar fast unabhängig von der Geschwindigkeit. Wer dem Maximalpuls nahe kommt, wie es bei Laufwettbewerben der Fall ist, hat vielleicht auch beim Laufen Stress. Ansonsten wird beim Laufen Stress abgebaut. Nein, mehr noch, Sie können beim Laufen im Wald sogar Probleme lösen. Stellen Sie sich einmal vor, Sie würden zu den Menschen gehören, die alle Weihnachtsgeschenke erst zwei Tage vor dem Fest besorgen und im Hinterkopf noch die Lösung »Tankstelle am Heiligabend« für den schlimmsten Fall parat haben. Dann versuchen Sie mal Folgendes: Als Erstes ziehen Sie schon mal die Laufsachen an. Dann machen Sie eine Mind-Map zum Thema »Weihnachtsgeschenke für den Partner« (Abbildung 4). Er oder sie kommt in die Mitte. Die Hauptäste könnten Hobbys, Kleidung, Nützliches oder Kultur sein. Sie denken circa drei Minuten über das Thema nach und bringen alles auf ein Blatt Papier. Jetzt hat Ihr Gehirn sich ganz kurz in das Thema vertieft. Es ist quasi angefüttert. Dann laufen Sie los und denken einfach an nichts. Aber im richtigen Pulsbereich, weil bei einem Trainingspuls von 193 das Denken an die Weihnachtsgeschenke schwerfällt. Sie brauchen den optimalen Pulsbereich, so dass Ihr Gehirn mit 100 % mehr Sauerstoff durchflutet wird. Dann entspannen und an nichts denken. Ihr Unterbewusstsein weiß jetzt, in welche Richtung es die Gedanken lenken soll. Irgendwann auf der Laufstrecke kommt dann wahrscheinlich die zündende Idee. Das ist zwar keine Garantie für ein geniales Geschenk, aber es erhöht mit Sicherheit die Wahrscheinlichkeit, auf eine Idee zu kommen.

Tipps und häufige Fragen

Hier sind noch einige nützliche Tipps zum Gedächtnistraining:

- Für den Termin mit Herrn Fischer besser einen stinkenden Fisch merken, als Herrn Fischer auf einen Platz setzen.
- Bauen Sie Bewegung und mehrere Sinne in die Bilder ein.
- Wiederholen Sie alles nach dem Kalendermuster (Stunde, Tag, Woche, Monat, halbes Jahr).
- Machen Sie kleine Schritte: jeden Tag einen Staat der Erde.
- Holen Sie sich Erfolgserlebnisse ab, zum Beispiel bei Namen.
- Wenn Sie an einem schönen Ort waren, zum Beispiel im Urlaub, diesen Ort sofort (innerhalb einer Woche) durchnummerieren. Die Nummerierung kann man beim Laufen im Kopf vorbereiten und dann nach dem Laufen schriftlich festhalten.
- Benutzen Sie die neue Route am besten noch am gleichen Tag.
- Beginnen Sie innerhalb von 72 Stunden, egal ob Sport oder Gedächtnistraining.
- Wenden Sie die 28-Tage-Regel auch auf das Gedächtnistraining an und tragen Sie alles in das Trainingstagebuch ein, zum Beispiel zwei Präsidenten täglich, am nächsten Tag beide wiederholen plus zwei neue. Einmal pro Woche alle bis dahin gelernten wiederholen.

Und zum Schluss noch vier häufige Fragen zum Laufen:

- Soll ich besser morgens oder abends laufen?
  Morgens, wenn man die bessere Sauerstoffversorgung des Gehirns nutzen möchte. Also für Kopfarbeiter. Abends laufen ist zu empfehlen, wenn man negativen Stress hat, den man abbauen möchte. Dann gehen Sie mit von Adrenalin gesäuberten Adern ins Bett.
- Soll ich im Wald oder auf der Straße laufen?
  50:50 ist optimal. Im Wald ist es anstrengender, weicher und es

trainiert die Fußgelenke. Auf der Straße ist die Gefahr von akuten Verletzungen geringer. Laufwettbewerbe finden fast immer auf der Straße statt. Wer einen Stadtmarathon laufen will, muss sich auch an die Straße gewöhnen.
- Soll ich auf dem Vorfuß laufen?
Diese Technik ist schonender für die Knie, aber belastender für die Achillessehne. Sehr schnelle Läufer laufen meistens auf dem Vorfuß. Beim Spurt geht es gar nicht anders. Wenn Sie sich das angewöhnen wollen, bitte ganz langsam beginnen. Nur 10 % der normalen Läufer laufen nach meiner Schätzung auf dem Vorfuß.
- Wie muss ich laufen, um abzunehmen?
Viel, schnell und lange, damit Sie viele Kalorien verbrennen. Wenn eine Person mit 75 Kilogramm Gewicht und einer Trainingsgeschwindigkeit von zehn Stundenkilometern anstatt fünfmal 30 Minuten fünfmal 45 Minuten läuft, hat diese Person circa 1500 Kilokalorien extra verbrannt. Das ist ein durchschnittlicher Tagesbedarf oder umgerechnet sind das drei Big Macs. Zum Abnehmen braucht man nicht die Fettverbrennung. Man muss nur mehr Energie verbrauchen, als man zu sich nimmt.

Als Quintessenz dieses Buches möchte ich Ihnen gerne mein **Brainrunning-Lebensmotto** mit auf den Weg geben.
Es ist ganz kurz:

**Fünfmal pro Woche laufen –
oder eine alternative Ausdauersportart ausüben
Einmal täglich das Gehirn trainieren**

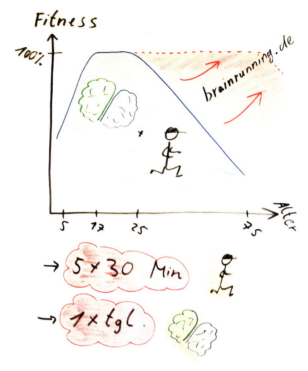

Abb. 9

Viel Spaß dabei!

Jürgen Petersen

Bei Fragen und Anregungen:

Brainrunning
Jürgen Petersen
Schmiedestraße 11
25899 Niebüll

www.brainrunning.de
info@brainrunning.de

Anhang:

Bundesstaaten der USA mit Hauptstädten

	Staat	Hauptstadt	Eselsbrücke (zum Selbstmachen)
1	Alabama	Montgomery	Alabaster, Berg aus Gummi
2	Alaska	Juneau	Eisbär und Juni
3	Arizona	Phoenix	
4	Arkansas	Little Rock	
5	Colorado	Denver	Haribo und Joan Collins (Denver Clan, TV-Serie)
6	Connecticut	Hartford	
7	Delaware	Dover	
8	District of Columbia	Washington	
9	Florida	Tallahassee	
10	Georgia	Atlanta	
11	Hawaii	Honolulu	
12	Idaho	Boise	
13	Illinois	Springfield	
14	Indiana	Indianapolis	
15	Iowa	Des Moines	
16	Kalifornien	Sacramento	
17	Kansas	Topeka	
18	Kentucky	Frankfort	
19	Louisiana	Baton Rouge	
20	Maine	Augusta	
21	Maryland	Annapolis	
22	Massachusetts	Boston	
23	Michigan	Lansing	
24	Minnesota	St. Paul	
25	Mississippi	Jackson	
26	Missouri	Jefferson City	
27	Montana	Helena	

28	Nebraska	Lincoln	
29	Nevada	Carson City	
30	New Hampshire	Concord	
31	New Jersey	Trenton	
32	New Mexico	Santa Fe	
33	New York	Albany	
34	North Carolina	Raleigh	
35	North Dakota	Bismarck	
36	Ohio	Columbus	
37	Oklahoma	Oklahoma City	
38	Oregon	Salem	
39	Pennsylvania	Harrisburg	
40	Rhode Island	Providence	
41	South Carolina	Columbia	
42	South Dakota	Pierre	
43	Tennessee	Nashville	
44	Texas	Dallas	
45	Utah	Salt Lake City	
46	Vermont	Montpelier	
47	Virginia	Richmond	
48	Washington	Olympia	
49	West Virginia	Charleston	
50	Wisconsin	Madison	
51	Wyoming	Cheyenne	

Staaten der Erde

	Staat (ohne Gewähr)	Hauptstadt
1	Afghanistan	Kabul
2	Albanien	Tirana
3	Algerien	Algier
4	Andorra	Andorra la Vella
5	Angola	Luanda
6	Antigua	Saint Johns
7	Argentinien	Buenos Aires
8	Armenien	Eriwan
9	Australien	Canberra
10	Österreich	Wien
11	Aserbaidschan	Baku
12	Bahamas	Nassau
13	Bahrain	Manama
14	Bangladesch	Dhaka
15	Barbados	Bridgetown
16	Belarus (Weißrussland)	Minsk
17	Belgien	Brüssel
18	Belize	Belmopan
19	Benin	Porto Novo
20	Bhutan	Thimphu
21	Bolivien	La Paz
22	Bosnien Herzegowina	Sarajevo
23	Botswana	Gaborone
24	Brasilien	Brasilia
25	Brunei	Bandar Seri Begawan
26	Bulgarien	Sofia
27	Burkina Faso	Ouagadougou
28	Burundi	Bujumbura
29	Kambodscha	Phnom Penh
30	Kamerun	Yaoundé
31	Kanada	Ottawa

32	Kap Verde	Praia
33	Zentralafrikanische Republik	Bangui
34	Tschad	N'Djamena
35	Chile	Santiago de Chile
36	China	Peking
37	Kolumbien	Bogotá
38	Komoren	Moroni
39	Demokratische Republik Kongo	Kinshasa
40	Republik Kongo	Brazzaville
41	Costa Rica	San José
42	Elfenbeinküste	Yamoussoukro
43	Kroatien	Zagreb
44	Kuba	Havanna
45	Zypern	Nikosia
46	Tschechische Republik	Prag
47	Dänemark	Kopenhagen
48	Dschibuti	Djibouti
49	Dominica	Roseau
50	Dominikanische Republik	Santo Domingo
51	Ecuador	Quito
52	Ägypten	Kairo
53	El Salvador	San Salvador
54	Äquatorialguinea	Malabo
55	Eritrea	Asmara
56	Estland	Tallinn
57	Äthiopien	Addis Abeba
58	Fidschi	Suva
59	Finnland	Helsinki
60	Frankreich	Paris
61	Gabun	Libreville
62	Gambia	Banjul
63	Georgien	Tiflis
64	Deutschland	Berlin
65	Ghana	Accra

66	Griechenland	Athen
67	Grenada	Saint Georges
68	Guatemala	Guatemala
69	Guinea	Conakry
70	Guinea-Bissau	Bissau
71	Guyana	Georgetown
72	Haiti	Port-au-Prince
73	Honduras	Tegucigalpa
74	Ungarn	Budapest
75	Island	Reykjavik
76	Indien	Neu-Delhi
77	Indonesien	Jakarta
78	Iran	Teheran
79	Irak	Bagdad
80	Irland	Dublin
81	Israel	Jerusalem
82	Italien	Rom
83	Jamaika	Kingston
84	Japan	Tokio
85	Jordanien	Amman
86	Kasachstan	Astana
87	Kenia	Nairobi
88	Kiribati	Tarawa
89	Nordkorea	Pjöngjang
90	Südkorea	Seoul
91	Kuwait	Kuwait
92	Kirgisien	Bischkek
93	Laos	Vientiane
94	Lettland	Riga
95	Libanon	Beirut
96	Lesotho	Maseru
97	Liberia	Monrovia
98	Libyen	Tripolis
99	Liechtenstein	Vaduz

100	Litauen	Vilnius
101	Luxemburg	Luxemburg
102	Mazedonien	Skopje
103	Madagaskar	Antananarivo
104	Malawi	Lilongwe
105	Malaysia	Kuala Lumpur
106	Malediven	Male
107	Mali	Bamako
108	Malta	Valletta
109	Marshall Inseln	Majuro
110	Mauretanien	Nouakchott
111	Mauritius	Port Louis
112	Mexiko	Mexiko City
113	Mikronesien	Palikir
114	Moldawien	Chisinau
115	Monaco	Monaco
116	Mongolei	Ulan Bator
117	Marokko	Rabat
118	Mozambique	Maputo
119	Birma	Rangun
120	Namibia	Windhoek
121	Nauru	Keine (Yaren Destrict)
122	Nepal	Kathmandu
123	Niederlande	Amsterdam
124	Neuseeland	Wellington
125	Nicaragua	Managua
126	Niger	Niamey
127	Nigeria	Abuja
128	Norwegen	Oslo
129	Oman	Muskat
130	Pakistan	Islamabad
131	Palau	Melekeok
132	Panama	Panama
133	Papua-Neuguinea	Port Moresby

134	Paraguay	Asunción
135	Peru	Lima
136	Philippinen	Manila
137	Polen	Warschau
138	Portugal	Lissabon
139	Katar	Doha
140	Rumänien	Bukarest
141	Russland	Moskau
142	Ruanda	Kigali
143	Saint Kitts & Nevis	Basseterre
144	Santa Lucia	Castries
145	Saint Vincent & Grenadinen	Kingstown
146	Samoa	Apia
147	San Marino	San Marino
148	São Tomé & Principe	São Tomé
149	Saudi-Arabien	Riad
150	Senegal	Dakar
151	Serbien & Montenegro	Belgrad & Podgorica
152	Seychellen	Victoria
153	Sierra Leone	Freetown
154	Singapur	Singapur
155	Slowakei	Bratislava
156	Slowenien	Ljubljana
157	Salomon Inseln	Honiara
158	Somalia	Mogadischu
159	Südafrika	Pretoria
160	Spanien	Madrid
161	Sri Lanka	Colombo
162	Sudan	Khartum
163	Surinam	Paramaribo
164	Swasiland	Mbabane
165	Schweden	Stockholm
166	Schweiz	Bern
167	Syrien	Damaskus

168	Taiwan	Taipeh
169	Tadschikistan	Duschanbe
170	Tansania	Daressalam
171	Thailand	Bangkok
172	Togo	Lomé
173	Tonga	Nuku'alofa
174	Trinidad & Tobago	Port of Spain
175	Tunesien	Tunis
176	Türkei	Ankara
177	Turkmenistan	Aschgabat
178	Tuvalu	Funafuti
179	Uganda	Kampala
180	Ukraine	Kiew
181	Vereinigte Arabische Emirate	Abu Dhabi
182	Vereinigtes Königreich	London
183	USA	Washington
184	Uruguay	Montevideo
185	Usbekistan	Taschkent
186	Vanuatu	Port-Vila
187	Vatikan	Vatikan Stadt
188	Venezuela	Caracas
189	Vietnam	Hanoi
190	Jemen	Sanaa
191	Sambia	Lusaka
192	Zimbabwe	Harare
	Seit 2001 sind folgende Staaten neu hinzugekommen:	
193	Palästinensische Gebiete	Ramallah
194	Timor-Leste	Dili
195	Turks- und Caicosinseln	Cockburn Town
196	Niue	Alofi
197	Sahara	El Aaiún

Präsidenten der USA

			von	bis
1	George	Washington	1789	1797
2	John	Adams	1797	1801
3	Thomas	Jefferson	1801	1809
4	James	Madison	1809	1817
5	James	Monroe	1817	1825
6	John Quincy	Adams	1825	1829
7	Andrew	Jackson	1829	1837
8	Martin	Van Buren	1837	1841
9	William Henry	Harrison	1841	1841
10	John	Tyler	1841	1845
11	James Knox	Polk	1845	1849
12	Zachary	Tyler	1849	1850
13	Millard	Fillmore	1850	1853
14	Franklin	Pierce	1853	1857
15	James	Buchanan	1857	1861
16	Abraham	Lincoln	1861	1865
17	Andrew	Johnson	1865	1869
18	Ulysses Simpson	Grant	1869	1877
19	Rutherford B.	Hayes	1877	1881
20	James Abraham	Garfield	1881	1881
21	Chester Alan	Arthur	1881	1885
22	Grover	Cleveland	1885	1889
23	Benjamin	Harrison	1889	1893
24	Grover	Cleveland	1893	1897
25	William	McKinley	1897	1901
26	Theodore	Roosevelt	1901	1909
27	William Howard	Taft	1909	1913
28	Woodrow (Thomas)	Wilson	1913	1921
29	Warren Gamaliel	Harding	1921	1923
30	Calvin (John)	Coolidge	1923	1929
31	Herbert Clark	Hoover	1929	1933

32	Franklin Delano	Roosevelt	1933	1945
33	Harry S.	Truman	1945	1953
34	Dwight (David)	Eisenhower	1953	1961
35	John Fitzgerald	Kennedy	1961	1963
36	Lyndon Baines	Johnson	1963	1969
37	Richard Milhouse	Nixon	1969	1974
38	Gerald Rudolph	Ford	1974	1977
39	Jimmy	Carter	1977	1981
40	Ronald Wilson	Reagan	1981	1989
41	George Herbert Walker	Bush	1989	1993
42	William (Bill) Jefferson	Clinton	1993	2001
43	George Walker	Bush	2001	2008

Brainrunning – Neue Wege